田中角榮著／

日本列島改造論

復刻版

『日本列島改造論』復刻にあたって

『日本列島改造論』が出版されたのは、今からちょうど五十年前のことである。昭和四十七年（一九七二年）といえば、その時代背景が今とは著しく異なる。所得倍増計画と高度経済成長により、人口の都市集中と地方の過疎化が一段と進んだ。

明治維新から百年余りの間に進行した〝過密〟と〝過疎〟の格差を是正し、日本列島全域を自然環境豊かで、しかも地域社会の文化を守りつつ、利便性に優れた社会につくり直すための国民に向けた〝提言〟が本書の主旨である。

新幹線を中心とした高速鉄道や高速道路を地方に行き渡らせることで人口と産業の地方分散を実現し、「過疎と過密」を同時に解消することを鮮明に打ち出している。そして、もうひとつ特筆すべきことは、インターネット発達の歴史は今年で約三十年になるが、今から五十年も前にすでに日本を「情報列島」にする必要性を説き、現在のインターネット時代を予測したような記述がある点である。テレビ電話やコンピューターをボタンひとつで操作し、全国での情報格差をなくすことに着目していた。そのための情報ネットワークの整備、情報システムの開発、通信コストの合理化などを提言している。二〇二〇年代に生きる私たちには当然のことであるが、一九七〇年代にこのような夢を実現する発想をしていたことに驚く。当時は定価五百円。発売後九十一万部を売り上げ大ベストセラーとなった。

しかし、本書出版後の一九七三年には第一次オイルショックが起こり、さらに一九九一年には湾岸戦争やソ連邦の崩壊など世界史に残る外交上の地殻変動が起きた。他方、日本国内においてもバブル経済の崩壊により地価や株価が急落し、政治はその対応に追われた。

本書を上梓した頃の父は、佐藤長期政権後の自由民主党総裁選挙に出馬を目指していた。当時、目白台の自宅には連日、政・官・メディア・地方自治体などの客人が夜討ち朝駆けで押し寄せており、本人の意識もかなり高揚していた。今振り返ると、政治家として最も充実していた時期のように思い出される。

二十八歳で衆議院議員に初当選。爾来、三十九歳で岸内閣の郵政大臣。四十三歳で池田内閣の政務調査会長。四十四歳で同内閣の大蔵大臣（三年有余）。次いで佐藤内閣の幹事長（五期）および通商産業大臣を経て、五十四歳で戦後最年少の内閣総理大臣となった。

この間、無役でいたのは、わずか二年間のみ。その時期に「都市政策大綱」をまとめあげ、『日本列島改造論』へとつなげている。

また、同じ年の三月には永年勤続議員として衆議院から表彰を受けており、それを機会に二十五年間の政治生活を振り返り、新しい視野と角度から日本列島改造の処方箋を書き上げたことになる。休むことを知らず、常に仕事をしている父であった。

〝政治は夢を実現できるもの〟と口癖《くちぐせ》のように言っていた父は、自らの夢や希望を語り、その実現のために、決断し実行するための多くの議員立法を手がけた。

在職中に自らが提案者となった法案は七十三本。閣法（内閣提出法律案）を含めると百十七本にのぼるといわれる。原子力基本法、水資源開発促進法、電源開発、道路、空港など、基本的インフラ全般にわたり、一方、国民生活環境整備をテーマにしたものも多く手がけている。

民間資本と、教育・文化・医療などの社会資本のバランスある整備にも心を砕いていた。どこに財源を求めるかについても常に考えをめぐらし、呻吟《しんぎん》していた。

明治憲法下では、主権は天皇陛下にあり、立法権も天皇に属していた。しかし敗戦を契機として制定された新憲法では主権者は〝国民〟となり、立法権は国会に置かれた。そこで父は新憲法の精神をフルに活用して議員立法に励み、戦後日本の復興と発展の礎《いしずえ》づくりをしたといえる。常日頃から、〝議員立法こそが政治家の本来の機能である〟と、口にしていた。

三十七万平方キロメートルの山がちで狭隘《きょうあい》な国土に一億人を超える人口があり、しかも資源に乏しい国。これが日本の実態である。その国土にあって、国民生活の安定と向上のために地域間格差をなくし、国土の均衡ある発展を遂げる。これが「内政」の柱である。

一方、「外交」においては、世界平和と人類の発展に資するために、①まず、一衣帯水の隣国、中国との戦後処理を図り、〝中国との国交を回復する〟。②資源のない日本が安定的に発展するための〝資源エネルギー外交〟の展開。内政、外交ともにビジョンは明確であった。中国以外の外国訪問には、ほぼ全て私も同行し、世界の首脳と渡り合う父の姿を目の当たりにした。生来の朗らかな性格と明晰な頭脳。論理的な主張とユーモアのセンスは誰からも好感を持たれていた。

十六歳で上京し、働きながら中央工学校土木科の夜学に通い、昭和十一年三月に卒業。十八歳で建築設計事務所を開設し、昭和十八年には二十五歳で土木建築会社のオーナー経営者となり、一級建築士の資格も得ている。

敗戦直後という時代背景と、その若さと実行力を考え合わせるとき、父の意欲と先見性、運の強さは図抜けていたと言わざるを得ない。

日頃のモットーは早寝早起き。しかしその実態は、夜中の猛勉強にあった。寝室で、あらゆる役所から届く膨大な資料に目を通し、文章を書き、計算をしながら、図面も描く。これは私が幼い頃から日常的に目撃していた父の姿である。

田中角榮という敗戦後の日本政治の一翼を担った政治家の、内政に関する構想が『日本列島改造論』には詳しく提示されている。

ロシアによるウクライナ侵攻や、止むことのない世界各地での紛争。急速な分断と格差拡大のなかで、はぐらかしと居眠りを続けている日本の政治。そんな現状に対する私の危機感があえてこの時期に復刻版の刊行を日刊工業新聞社にお願いした所以である。

二〇二三年三月

目白台にて

田中眞紀子

本書は、昭和四十七年（一九七二年）に小社から刊行された『日本列島改造論』の復刻版です。省庁名、会社名、組織名、地名などは、初版当時の表記のままとしています。また、一部、現在では使用を控えている表現がありますが、書かれた時代背景を考慮して、そのままとしました。

序にかえて

水は低きに流れ、人は高きに集まる。世界各国の近世経済史は、一次産業人口の二次、三次産業への流出、つまり、人口や産業の都市集中をつうじて、国民総生産の拡大と国民所得の増加が達成されてきたことを示している。農村から都市へ、高い所得と便利な暮しを求める人びとの流れは、今日の近代文明を築きあげる原動力となってきた。日本もその例外ではない。明治維新から百年あまりのあいだ、わが国は工業化と都市化の高まりに比例して力強く発展した。

ところが、昭和三十年代にはじまった日本経済の高度成長によって東京、大阪など太平洋ベルト地帯へ産業、人口が過度集中し、わが国は世界に類例をみない高密度社会を形成するにいたった。巨大都市は過密のルツボで病み、あえぎ、いらだっている半面、農村は若者が減って高齢化し、成長のエネルギーを失おうとしている。都市人口の急増は、ウサギを追う山もなく、小ブナを釣る川もない大都会の小さなアパートがただひとつの故郷という人をふやした。これでは日本民族のすぐれた資質、伝統を次の世代へつないでいくのも困難となろう。

明治百年をひとつのフシ目にして、都市集中のメリットは、いま明らかにデメリットへ変わった。国民がいまなによりも求めているのは、過密と過疎の弊害の同時解消であり、美しく、住みよい国土で将来に不安なく、豊かに暮していけることである。そのためには都市集中の奔流を大胆に転換して、民族の活力と日本経済のたくましい余力を日本列島の全域に向けて展開することである。工業の全国的な再配置と知識集約化、全国新幹線と高速自動車道の建設、情報通信網のネットワークの形成などをテコにして、都市と農村、表日本と裏日本の格差は必ずなくすことができる。

また、ひらかれた国際経済社会のなかで、日本が平和に生き、国際協調の道を歩きつづけられるかどうかは、国内の産業構造と地域構造の積極的な改革にかかっているといえよう。その意味で、日本列島の改造こそはこんごの内政のいちばん重要な課題である。私は産業と文化と自然とが融和した地域社会を全国土におし広め、すべての地域の人びとが自分たちの郷里に誇りをもって生活できる日本社会の実現に全力を傾けたい。

私はことし三月、永年勤続議員として衆議院から表彰を受けた。私はこれを機会に〝国土開発・都市問題〟と一緒に歩いてきた二十五年間の道のりをふりかえるとともに、新しい視野と角度と立場から日本列島改造の処方箋を書きあげ、世に問うことにした。国民および関係者各位の参考になれば、たいへん、しあわせである。

なお、本書の執筆と出版にあたって、献身的な協力をいただいた日刊工業新聞社のスタッフ各位、関係各省庁の専門家諸君にたいし心からお礼を申しあげたい。

昭和四十七年六月

東京・目白台にて

田　中　角　榮

目次

Ⅱ　明治百年は国土維新

I

私はこう考える

国土改造計画の軌跡と新しい方向

私は昭和四十七年三月七日、同僚議員十二名とともに、衆議院で永年勤続議員として表彰された。新憲法下で行なわれた第一回の総選挙で衆議院に議席をえていらい二十五年目のことである。ふりかえってみると、私の半生におけるこの四分の一世紀は、まさしく戦後の国土開発の足どりとともに歩んだといってよい。が、私の仕事はこれで終ったわけではない。なぜならば、日本列島の改造は、これからが本番を迎えることになるからである。

明治百年はフシ目

明治百年は、わが国においてちょうど都市集中のメリットとデメリットがこの年を中心に交差したフシ目であった。大都市では過密、公害、物価上昇などが人びとの暮しを脅かす一方、地方では過疎による荒廃がすすんだ。都市と農村、表日本と裏日本の発展のアンバランスは、いまや頂点に達しつつある。こうした現状を思い切って改めなければならない。都市と農村の人たちがともに住みよく、生きがいのある生活環境のもとで、豊かな暮しができる日本社会の建設こそ、私が二十五年間の政治生活をつうじ一貫して追求してきたテーマであった。

「都市政策大綱」成る

私がこれまで手がけた国土開発の政策づくりの軌跡をたどると、戦後間もない昭和二十五年、国土政策の礎石として国土総合開発法をつくったことが思いだされる。私はこれを手はじめに道路法改正、有料道路制創設、ガソリン税新設、河川法改正、水資源開発促進法などの制定をやり、四十三年に「都市政策大綱」をまとめた。「都市政策大綱」と名付けたのは、ようやくそのころから都市問題がマスコミにも、学問的にも取りあげられ、国民のいちばん関心の深い問題であったためである。この綱領的文書は、狭義の都市政策ではなく、日本全体をひとつの都市圏としてとらえる〝国土総合改造大綱〟であることを改めて強調したい。その意味で、この「都市政策大綱」は広範な内容を持ったものである。私はここで、その〝前文〟に特記した五つの重点項目について説明したい。なぜならば、それは私の国土改造にたいする考え方をコンパクトに要約しているからである。

国会で“国づくり”の所信を述べる著者

五つの重点項目

その一は、新しい国土計画の樹立とこれを達成するための法体系の刷新、開発行政体制の改革である。

新国土計画は産業の開発と自然・生活環境および基幹交通などについて基本目標を定める。また、土地、人口、水などを総合的に組合わせた地域別の発展目標を設ける。新しい法体系は国土総合開発法の全面改定を中心としてすすめ、複雑な現行法体系を改廃する。開発行政を強力に推進するため、新しく中央行政機構を設置する。また、地方の広域行政体制を強化し、将来は府県制度を根本的に検討する。全国各地を結ぶ鉄道新幹線などを建設する。また、国土開発総合研究所を設置する。

その二は、都市とくに大都市の住民を住宅難、交通戦争、公害から解放することである。

このため職住近接の原則にもとづき、立体化高層化による都市の再開発を重点的にすすめ、同時に近郊市街地を計画的に造成し、ニューシティーを建設する。このなかで良質な高層共同住宅を大量に供給し、その建設の主力として民間デベロッパーの参加を求める。また、通勤交通を円滑にするため、鉄道とくに地下鉄を強化する。新しく受益者負担の原則と公害発生者責任の制度を確立する。

その三は、広域ブロック拠点都市の育成、大工業基地の建設を中心として、新しい拠点開発方式により地方開発をすすめることである。

これらの拠点と背後地の都市、農村を結びつけるため、財政資金を集中的に投下して、道路などの産業、生活の基盤を先行的に建設する。都市化時代に対応して地域全体の所得を高めるため、二次、三次産業を地方に配置する。同時に農地制度に抜本的再検討を加え、高収益の農業を育て、食糧の自給につとめ、魅力ある近代的な農村をつくる。とくに、農産物需要の変化に応じ、畜産、果樹の生産を拡大する。

その四は、公益優先の基本理念のもとに、土地利用の計画と手法を確立することである。

このため都市を適正に配置し、工業適地、優良農地を確保し、自然を守ることを目的とした土地利用計画を定める。とくに都市においては、市街化地域、用途別地区を指定して、無秩序な開発を規制する。住民全体にとって必要な道路など公共用地を生みだすため、土地区画整理方式を都市づくりに全面的に活用する。土地委員会を設置して、広域的かつ総合的な立場から有効な土地利用を推進する。同委員会は土地収用についての緊急裁決、地価にかんする統一的な評価などの権限をもつ。

第五は、国土改造が必要とする資金を確保するため、国民全体の資金と蓄積を活用することである。

国土改造にたいするインフレなき集中投資を可能にするため、利子補給制度を大幅に導入し、財政と金融機能を最大限に発揮させ、民間資金を導入する。また、国土改造のための拠点金融機関として、都市改造銀行、地方開発銀行、産業銀行を創設し、国土計画の分野に応じて長期低利資金を大幅に供給する。

以上が五つの重点項目の要約である。

次に「都市政策大綱」に盛込まれている思想のうち、国土改造の資金源となる財政制度の運用はどうあるべきか、地方自治との関係に支障はないか、さらに現行農地制度との兼合いなど基本的な問題についてふれたい。

財政との関係

まず、財政問題である。わが国が明治から百年間、一貫してとりつづけてきた財政中心主義、つまり財政資金による資源配分が国を運営する中心であり、税制はその補完的役割を果すという財政の仕組みは、明らかに改めるべき時期にさしかかっている。これまでの財政資金中心の制度は発展途上国の制度であり、主要工業国として新しい百年のスタートを切ろうとする日本では、財政資金を先行的・効率的に運用するとともに、税制の機能を活用し、これを財政の二本柱として国土改造を推進すべきである。

わが国の財政は、たとえば重要港の指定が貨物取扱い量の実績を基準に行なわれるなど実績主義による後追い投資の方法を中心に運営されてきた。そのため、その果すべき役割を果しえないばかりか、結果的には財政膨張を促進することになった。国土改造にあたっては、このように消極的な財政運用は許されない。国土改造は未来を先取りするものであり、交通網の整備などには巨額の資金が必要だからである。私はこれを財政の先行的運用といっている。

これと並行して、これまで財政の補完的役割にとどまっていた税制の積極的活用が必要になってきた。大都市の機能を鈍化し、地方開発を促進するには、税制の政策的な調整機能、すなわち禁止税制と誘導税制を有効に活用しなければならない。大都市では受益者負担あるいは原因者負担の原則のもとに集積と開発の利益を吸収して新しい国づくりの資金にあてるとともに、高層住宅の建設などについては税の減免措置をとるという弾力的な税制が必要になっている。一方、大都市のように集積の利益を享受できない地方にたいしては、生活・産業の基盤整備、工場の新規立地などについて思い切った優遇措置がとられなければならない。すなわち、電力料金については過密地域と過疎地域とのあいだで料金差を設ける。工業用水道についても同じような政策的な配慮を加える。住民税についても過疎地域のほうが相対的に安くなるような配慮をする。過疎地域へ立地する企業にたいしては、固定資産税の二十五年減免を行ない、それによって税収の減る関係地方公共団体にたいしては、別に国が交付金などの形で減収分を埋め合わせる措置をとる。こうした多角的な施策を検討し、実施しなければならない。

ともかく、国土改造には巨額の資金を必要とする。国の財政面からの支出だけではとても足りない。その不足をカバーするためには、金融メカニズムにそう仕組みをつくり、民間資金を動員しなければならない。利子補給は、民間資金を活用する有力な方法である。生命保険、損害保険、信託、農協などの資金も、新しい国づくりに投入していくべきである。

公債政策もその体制の一環である。単年度ごとの財政均衡という考え方ではなく、長期財政計画のもとで、計画的かつ積極的な公債政策をとり、社会資本の蓄積につとめ、未来の世代の繁栄にも生かしていかなければならない。

地方自治との関係

では、国土改造をすすめるにあたって、地方自治との関係に支障はないだろうか。これにたいする回答は、新しい国土計画は地方ブロック、府県、市町村のそれぞれの段階に応じた地域計画と一体のものとしてすすめるということである。したがって、中央政府の一元的政策とは矛盾するものではない。社会経済圏が拡大するにしたがって、国土全体の発展と切離した地域の発展はありえないからである。逆にいえば、地域開発の裏付けがなければ、国土計画は目標を達成できないともいえる。その意味で、国土改造における地方自治体の役割はきわめて大きい。日本列島が将来、一日交通圏、一日経済圏として再編成されるためには行政の広域化が促進されるべきである。その手段としてはまず、市町村を基礎的な地方団体として強化するため、市町村の第二次合併を積極的にすすめ、適正規模とすることによって、その行政力、財政力を強化することである。とくに大都市では、周辺市との再編をすすめることによって広域的な都市相互間の共同処理方式を実現し、大都市行政の一元化と広域化をはかることが必要である。

このような措置を必要とする背景としては、交通、通信手段の発達および人口と物資の流動により、府県の区域を越えて生活圏や経済圏の急速な拡大がすすんでいるからである。さらにこんごの土地利用、水資源開発をはじめ住宅、交通、公害、教育などの問題を解決するためには、必要な地方行政の広域化をすすめなければならないからである。

ここで問題になるのは、明治の廃藩置県によってつくられた現在の府県制度との兼合いである。結論からいえば、現在の府県制度は行政区域としてはせますぎるし、行政単位としても国と市町村のあいだに立ってあいまいな性格をもっている。このため、こんごの経済発展と行政の広域化に対応しにくい。したがって、現行制度の改廃を含めて将来の府県制度のあり方を根本から検討する時期にきている。その場合、新たに広域ブロック単位で国と地方自治体の中間的性格を持つ新しい広域地方団体を設置するのもひとつのアイデアではないか。これが実現すれば、府県事務の三分の二を占めている国の機関委任事務や国の地方出先機関の大半はこのなかに吸収、一元化され、激変している経済社会の体制にある程度、対応できよう。

もうひとつの大きな問題は、国土計画と現行農地政策との兼合いである。

農地制度との兼合い

昭和三十五年のわが国の農業就業人口は一千三百五十六万人、全就業人口の三一％であったが、四十六年には七百六十八万人、一五・九％に低下した。しかも、その三分の二は老人や婦人、それと肉体労働が無理な人びとである。また、農業の後継者は明治初年から昭和二十七年までは毎年およそ四十万人が新しく農業に参加していたが、四十四年には四万二千人、四十五年には三万七千人、四十六年には三万二千人とかっての十分の一を下回りつつある。開放経済体制のもとで産業構造の高度化がすすみ、国際農業に対抗し、国民の食生活の変化に対応して食糧の安定した自給度を確保するためには、高能率、高収益の日本農業

計　画　の　歩　み〕

34　年	特定港湾施設整備特別措置法
〃	九州地方開発促進法
〃	首都高速道路公団
35　年	国民所得倍増計画
〃	治山治水緊急措置法
〃	四国地方開発促進法
〃	北陸地方開発促進法
〃	中国地方開発促進法
〃	東海道幹線自動車道建設法
36　年	港湾整備緊急措置法
〃	後進地域の開発に関する公共事業等に係る国の負担割合の特例に関する法律
〃	低開発地域工業開発促進法
〃	産炭地域振興臨時措置法
〃	水資源開発促進法
37　年	新産業都市建設促進法
〃	水資源開発公団
〃	全国総合開発計画
〃	豪雪地帯対策特別措置法
38　年	近畿圏整備法
39　年	工業整備特別地域整備促進法
〃	河　川　法
〃	日本鉄道建設公団
40　年	中期経済計画
〃	山村振興法
41　年	中部圏開発整備法
〃	国土開発幹線自動車道建設法
〃	新東京国際空港公団
42　年	経済社会発展計画
〃	公害対策基本法
〃	外貿埠頭公団
43　年	都市計画法
〃	自民党都市政策大綱
44　年	新全国総合開発計画
〃	都市再開発法
45　年	過疎地域対策緊急措置法
〃	新経済社会発展計画
〃	本州四国連絡橋公団
〃	全国新幹線鉄道整備法
46　年	農村地域工業導入促進法
47　年	工業再配置促進法

〔戦　後　国　土　開　発

20　年	国土計画基本方針
21　年	復興国土計画要綱
22　年	国土計画審議会
24　年	総合国土開発審議会
25　年	国土総合開発法
〃	国土総合開発審議会
〃	港　湾　法
〃	北海道開発法
〃	首都建設法
26　年	経済自立三カ年計画案発表、自立経済審議会発足
〃	旧河川法改正
〃	公営住宅法
27　年	企業合理化促進法
〃	国土総合開発法一部改正
〃	道　路　法
〃	道路整備費の財源等に関する臨時措置法
〃	農　地　法
〃	電源開発促進法（電源開発(株)発足）
28　年	港湾整備促進法
〃	離島振興法
29　年	土地区画整理法
30　年	経済自立五カ年計画
〃	愛知用水公団
〃	日本住宅公団
31　年	道路整備特別措置法
〃	日本道路公団
〃	首都圏整備法
〃	工業用水法
〃	空港整備法
32　年	新長期経済計画
〃	国土開発縦貫自動車道建設法
〃	高速自動車国道法
〃	東北開発促進法
〃	東北開発株式会社
〃	特定多目的ダム法
33　年	工業用水道事業法
〃	道路整備緊急措置法
〃	首都圏市街地開発区域整備法
〃	公共用水域の水質の保全に関する法律
〃	工場排水等の規制に関する法律
34　年	首都圏の既成市街地における工業等の制限に関する法律

をつくることが絶対に必要である。そのためには農業の大型機械化、装置化、組織化が大胆にはかられなければならない。昭和六十年を展望すれば、国民総生産は一人あたり八千ドルとも予想され、この場合の農業就業人口は、先進工業国十カ国の平均四～六％程度に向かって減少することが避けられない。こうした状況のもとで、日本農業の将来あるべき姿を考えると、農家一単位が自家保有地一ヘクタール、他人の所有地十～二十ヘクタールをこなすようでなければならない。しかし、現在の分散した零細の土地所有や高い地価から考えて、農家単独の経営規模の拡大は至難のわざである。農業発展の主流はこんご協業、請負、賃耕などになるだろう。経済構造の高度化にともなって二次、三次産業に移動する農家が単なる土地保有者となり、その零細な土地を結集することができてこそ、はじめて日本農業の改革が可能となる。したがって、国土再編成の前提として全国的な土地利用計画を定め、そのなかで中央と地方の調整により永久農地を策定すること、同時に、農家の土地所有を認めたうえで現行農地法を廃止し、農地の流動性を回復するなど、国土計画と関連して現行の農地政策を根本から改めることがぜひとも必要である。その場合、財政援助によって改良された農地を農業以外に転用することを規制するための立法措置がとられるべきはいうまでもない。これが私の提言である。

また、農村地域は農民にとって生産、生活の場であると同時に、民族のふるさと、国民の憩いの場でもある。人間は自然と切離しては生きていけない。世界に例をみない超過密社会、巨大な管理社会のなかで、心身をすり減らして働く国民のバイタリティーを取戻すためには、きれいな水と空気、緑にあふれた自然を破壊と汚染から守り、国民がいつでも美しい自然にふれられるように配慮することが緊急に必要である。そのため日本列島の山や森、草原、湖沼、海岸などを注意深く保全して、国民のための宿泊施設やレクリエーション施設を計画的に整備すべきことを強調したい。

私は「都市政策大綱」のなかで、とくに要《かなめ》となる財政制度、地方自治、農地制度についてふれたが、いずれにしてもこれまでの考え方を百八十度転換して、新しい視野と角度と立場から問題を解決する方向を見出していきたい。

ところで、この「都市政策大綱」に盛り込まれている根本思想は、私が代議士に初当選していらい自ら種をまき、育てあげてきた多くの立法活動の結実ともいえるのである。したがって、私なりになすべきことをなそうと志した「都市政策大綱」にいたるまでの足跡を明らかにしておきたい。

電源開発促進法に取組む　第一は、国土建設に関する諸立法である。私は昭和二十四年、衆議院の国土計画委員会（いまの建設委員会）のなかに地方開発小委員会をつくり、電源開発について基本的な討議を行なった。この審議を皮切りにして、翌二十五年、「国土総合開発法」ができた。この法律は内閣提案の形をとっているが、実体は議員立法であった。これをスタートにして取組んだのが「電源開発促進法」という議員立法である。占領軍が日本から戦力をなくすという考え方を前提にして、潜在戦力になりうる重化学工業、精密機械工業などを賠償施設として日本から撤去しようとしていた矢先のことであった。電源開発も例外ではない。私たちと占領軍との意見は真向から対立した。結局は占領軍を押切ったのだが、当時は占領軍が絶大な権力を持っており、これに抵抗することが勇気を必要としたことはいうまでもない。当時の若いエネルギーがそれを実行させたのだろう。

ともかくこうして電力拡大のメドはついた。それでは次に、敗戦で崩壊した日本経済を復興させ、自立から成長に向かって牽引車《けんいん》になるものは何か。そこで登場したのが交通網の整備である。わが国の国民総生産は鉄道の建設テンポにだいたい比例して拡大してきた。私はその鉄道に次ぐ第二の交通網は道路だと思った。そこで衆議院国土計画委員会は大正八年に制定された道路法の根本的な改正に取りかかった。今日、〃道路の憲法〃といわれている道路法は、昭和二十七年に改定され、二十八年に公布された議員立法なのである。改正の主軸は、旧憲法時代の「道路は無料公開の原則に立つべし」という大原則から抜けだして、有料道路制を採用することになったことである。この有料道路制度も内閣提案の形はとったが、内容的には明らかに議員立法であった。

ガソリン税の採用

第二は、大きな議論をまきおこした目的税としてのガソリン税採用である。

いまは「道路整備五カ年計画」に衣がえしているが、さきの新道路法と一緒に公布された「道路整備費の財源等に関する臨時措置法」（現在は「道路整備緊急措置法」に衣がえしている）があった。これはガソリン税を目的税として実施した法律で、わが国の税制史上、とりわけ意義の大きいものである。ところが、これにたいして「政府固有の予算編成権を拘束する目的税法は憲法違反である」との論議が学会から提起された。しかし、私は「そのような憲法違反論は問題にならない」と考えて、真向から違憲論に立ち向かった。二十七年の衆参両院、とくに参議院ではこの問題について百日間にわたる長期論議が行なわれた。私はこのあいだの答弁をすべてひとりで行ない、結局、法案は陽の目をみた。この法律には「政府は当該年度のガソリン税収入相当額以上を道路整備の財源として盛らねばならない」ことがはっきり記されている。それから二十年、この事実も歴史のひとコマにすぎなくなってしまったが、私にとっては忘れられない思い出のひとつである。

こうして道路整備の財源にガソリン税が使われることになったため、当時、年間二百億円弱であった道路整備費は、その後の十五年間に百倍以上にふえた。道路費の各年度の伸びをみると、二十九年から三十九年までの平均一〇・四％という経済成長率にそのままスライドしている。その意味で「戦後の日本経済は道路三法から再建がはじまった」といってもよい。

都市づくり立法

第三は、「公営住宅法」など都市づくりについての立法である。「首都圏整備法」は東京の復興と発展の大きな原動力になってきたが、この元法は衆議院国土計画委員会が立案した「首都建設法」である。当時、同じ種類の法律には「熱海国際観光温泉文化都市建設法」「旧軍港市転換法」「京都国際文化観光都市建設法」などがあった。この「首都圏整備法」が口火になって「低開発地域工業開発促進法」「新産業都市建設促進法」「工業整備特別地域整備促進法」などが相次いで生まれ、そのごの日本経済の再建になくてはならない法律になった。また、「北海道開発法」とか、東北、北陸、中国、四国、九州というようにブロック別の地域開発立法もつくられたが、これらの法律にもそれなりの立法理由があり、互いに支えあって戦後経済発展の原動力となったのである。

こうした基本的な枠組みのなかで、とくに重要なものとしては、「河川法」の改正、「水資源開発促進法」の制定があげられる。

河川法を改正

河川法は、明治二十九年に制定された〝水の憲法〟である。この改正は昭和二十六年に一部改正が、また三十九年には全面改正が行なわれた。とくに二十六年の改正は、国土開発や経済発展という大きな使命をになっていたが、とりわけ原因者負担の大原則を確立したものとして意義が深い。

河川法改正以前の河川工作物は、全部仮設物としての認可しか受けられないことになっていた。たとえば河川工事のための堤防の高さをあげるときには、河川に付随する橋でも鉄橋でもその移設、改築などに要する費用は、工作物の設置者である私鉄会社などが自費でまかなわなければばならない建前であった。ところが、河川法が改正されてからは、河川の所有者である国が負担する建前になったので、民間は費用をまったく負担しなくてもよいことになった。今日、一般物価が昭和九年ないし十一年にくらべ千倍にも高騰しているにもかかわらず、私鉄の運賃が四百倍にとどまっているのは河川法改正のたまものである。つまり、河川法の改正はいわゆる公共料金を低額に押えるという効果をもっていたものである。河川工事の必要性によって、すなわち原因者である国が橋や鉄橋をあげる場合には、その費用を国が負担すべきであるというわけだ。今日ではこうした考え方に抵抗もないが、旧憲法時代にはまったく考えられないことであった。当時でもユニークな発想の転換だったのである。

水資源開発促進法を制定　「河川法」に次いで手をつけたのが、「水資源開発促進法」である。これは昭和三十六年十一月に制定された。私が水資源開発特別委員長になって検討をはじめたもので、内閣提案の形をとったが、これも本質は議員立法である。当時は建設、通産、農林、運輸各省の意見が対立して、まとめ役の私は苦労した。しかし、「水資源がわが国の成長にとっていかに重要であるか」という点で各省の見方が一致し、ともかくまとめあげることができた。それが「水資源開発公団法」になり、「治水特別会計法」にもなった。この作業はさらに「港湾特別会計」、そして「外貿埠頭公団」に発展していったのである。「治水特別会計」にたいして、大蔵省は、「特定の財源を持たない特別会計は、財政法の制限によってつくることができない」と主張した。そこで私は「水は最大の財源である。水は使用者（利用者）が利水料を払うべきである。ただ、農業は既得権があるから農業の利水にたいしては料金を免除するにすぎない」と反論し、大蔵省も納得して水の特別会計ができたというイキサツがある。旧憲法時代の思想によると水や港湾にかんする費用は全額税金でまかなわれるということとなっていたが、これでは治水も港湾建設もなかなか現実にすすまなかった。この考え方を百八十度転換し、「利用者負担」の原則を打ちだした。港湾の整備をすべて国民の税金で負担するよりも、海外から鉱石を持ってきたり、海外に輸出をする業者が一部を負担するほうが合理的であることはいうまでもない。しかし、当時はまわりの抵抗が強く、「田中角榮が水の特別会計をつくるというのだから、戦後の代議士は恐るべきものだ」という人もあった。このごろではそういう話を聞かない。時の経過とともに、これらの新しい考え方が定着してきたためだろう。

〝繁栄のなかの矛盾〟表面化

このように日本経済の再建にかんする諸法律が整備されるにしたがい、わが国は年率一〇％台という経済の高成長時代にはいっていった。昭和二十九年から三十九年までの平均成長率は、実質で一〇・四％、それから一九六〇年代の十カ年間は一一・一％、つまり二十九年から四十五年までの十七年間は平均一〇・四％の高成長をとげたことになる。これは国民の勤勉努力と歴代政権の適切な政策によるものであった。世界中から驚異の目でみられた日本経済の高度成長は、アメリカに次いで自由世界第二の国民総生産をわが国にもたらした。実際には第一があって、二、三、四、五位がなくて六位が日本ということだろうが、数字のうえではたしかに日本は西ドイツを越した。一ドル＝三百六十円で計算しても二千億ドル以上であり、三百八円レートにすれば二千三百億ドルにもなるので、一千八百億ドルの西ドイツより上であることは事実である。

戦後日本は、敗戦直後のその日暮しから高度成長経済へ、さらに国際経済へと三段飛びの飛躍をなしとげ、今日の繁栄を築きあげた。それは民間設備投資をテコとした成長追求型の経済運営と、人口・産業の大都市集中という全国的な都市化が進行するなかで達成された。しかし、明治百年をひとつの境にして、繁栄のなかの矛盾が急速に表面化してきたこともまた事実である。インフレ、公害、都市の過密と農村の過疎、農村のゆきづまり、教育の混迷、世代間の断絶などである。こうした先進国に共通する難問のなかで、とくに国民経済の伸長や国民生活の向上にとってブレーキになっている社会資本ストックの不足は急速に埋められなければならない。

工業の発展とネック

環境汚染が工業生産に対応してすすんでいる現在の状況をみると、昭和四十三年の関東臨海地帯における工業生産額は約二十八兆円、そのときの硫黄酸化物の総汚染量は五十五万トンであった。ところが、通産省の想定によると、五十年には生産額は五十八兆円、硫黄酸化物の総汚染量は百十四万トンに達する計算になる。現在の産業立地動向をそのまま是認していると、公害を取除くための投資を大幅に行なっても、公害問題を解決する対策にはならない。

一方、大都市の住民の生活環境を改善し、住みよく暮しよい地域社会をつくることは、政治の急務となっている。このため公害の規制強化を行なっていけば、過密地域における企業の活動そのものがむずかしくなる事態も十分に予見される。また、物価問題にしても公共料金の抑制や流通機構の合理化だけでは根本的な解決にはならない。人口や産業が大都市地域に過度集中していることが物価上昇の大きな原因になっているからである。工業生産力の拡大にともない昭和四十四年に十二万ヘクタールだった工業用地は、六十年で二十八万ヘクタールを確保するよう求められている。しかし、地価の現状からいって、この用地を過密地域に確保することはとうていできない。工業用水の面からみても、現在の一日あたり九千万トンの使用量は、六十年には三億二千万トンの規模に増大すると予測されている。太平洋ベルト地帯にこれだけの工業用水を供給できる水源を見出すのは困難である。

日本経済が仮りにいまの産業構造のままで推移するとすれば、十年後にはわが国だけで世界の資源、エネルギー貿易の三〇%以上を輸入しなければならなくなる。その場合、輸送合理化の観点から五十万トン級タンカーの導入は避けられない。このような大型船が入港できる港は、全国に四カ所、つまり、鹿児島県の志布志湾、高知県の宿毛湾、徳島県の橘湾、青森県のむつ湾しかない。したがって、原油の受入れと輸送形態は革命的な変化をしなければ実態に対応できなくなるだろう。たとえば、阪神地区で必要とする原油は、橘湾で揚げることが考えられる。本四連絡架橋三橋を昭和六十年までに架けることになっているのも、深い先行的な読みにもとづくものである。橘湾から揚げた原油をパイプラインによって阪神地区に供給し、また吉野川の余剰水を橋に抱かせて阪神地区へもってくることが考えられる。

他方、高収益、高能率の日本農業をつくりあげるため総合農政が意欲的に展開されるのにともない、農業から離れる人びとが、その地域に住んだままで二次、三次産業につくことができるよう強く期待されている。「農村地域工業導入促進法」が制定されたのは、このような背景に由来しているが、この場合、私は一村一工場的な小ぢんまりした考え方でなく、大規模な工業団地を先行的に造成し、中核的な企業の導入をはかっていくことが必要だと思う。また、臨海部において予想される開発候補地点としては、釧路、第二苫小牧、むつ小川原、秋田臨海、中海、有明干拓、志布志湾、宿毛湾、橘湾などがあげられる。

以上のように過密化対策と過疎化対策はタテの両面であり、私が「都市政策大綱」でねらった眼目も過密と過疎の同時解消にあった。そのご、この大綱の思想のなかから次の四つの具体的政策がスタートした。

都市政策大綱四つのねらい

その一つは、本州四国連絡橋公団の新設であり、二つは「全国新幹線鉄道整備法」の成立、三つは「自動車重量税法」の発足である。この〝自動車新税〟

の創設を世に問うたところ、私にたいする評価は「自動車から税金をとって鉄道建設に回すという田中は気ちがいか」というほどきびしいものであった。ところが最近では、私の考え方がだいぶ理解されてきたとみえて、反論や批判をあまり聞かない。

自動車重量税の場合は、内容的にも未熟なところがあったが、もともと新税というものは、国民に理解され、定着するまでに時間がかかるものである。多くの減税が実施されてきたなかで、ガソリン税の場合は、戦後四、五回にわたって増徴されてきた。増税されたのはガソリン税くらいのものだったろう。自動車重量税は当初の予定よりおくれ、四十七年二月一日のスタートとなったが、ともかく関係者はその必要性を認めたわけである。

とくに必要な「工業再配置」

「都市政策大綱」から出発した第四の政策は、工業再配置のスタートである。これは私が通産大臣に就任してからの思いつきではないし、断片的なものでもない。新政策の内容は次のようなものである。

現在、わが国の工業生産は太平洋ベルト地帯に七三%が集中しており、均衡のとれた日本列島をつくるためにも二次産業の全国的な平準化が必要である。このため地域開発の主導力である工業が、全国各地域の開発能力に対応して適正に配置されるよう誘導しなければならない。したがって、工業が過度集中している地域から工業の集積が低い地域に工場を移し、同時に二次産業比率の低い地域における工場の新規立地をいっそう推しすすめ、工業の全国的な再配置を実現しようというのである。

この新政策は四十七年度から一歩を踏みだした。第六十八国会では「工業再配置促進法案」および「産炭地域振興事業団を工業再配置・産炭地域振興公団に改組するための法案」が成立し、四十七年度予算と財政投融資計画で百五十億円（平年度三百億円）の支出が決まった。これにともない税制改正も行なわれることになっている。この計画はきょうやって明日にも政策効果があがるものではない。しかし、だれかがこれをすすめなければ、日本がゆきづまってしまうことは目にみえている。そのためには国民の理解を求めながら、この計画を定着させ、消化していかなければならない。

世界のすう勢を考える

ところで、私の提唱している国土総合改造政策は急速に変化する世界経済の動向に対応したものでなければ真の効果をあげることはできない。戦後のわが国経済は、復興経済—高度成長経済—国際経済の三段階を経て今日にいたっている。現在の開放経済体制のもとでわれわれは貿易・資本の本格的な自由化を経験し、四十六年末には国際通貨調整の一環として初の円平価切上げに踏切った。これはわが国が名実ともに国際経済社会の有力な一員として認められたことを意味する。昭和三十九年、時の大蔵大臣としてＩＭＦ八条国への移行に踏切った私としては、いまのわが国の国際的立場をみるにつけても感なきをえない。巨大な日本経済がこんごとも発展し、国民が安心して豊かに暮せるようにするためには、なによりも

47年3月7日、国会で議員勤続25年の表彰を受ける著者
（写真左から4人目）

まず世界、とくにアジアの平和が保たれ、世界の国々が平等互恵の原則でともに繁栄できることが必要である。こうした条件をつくりあげるため、いま日本はその実力にふさわしい責任の遂行を世界各国から求められている。したがって、わが国がこんごとるべき七〇年代の対外経済政策の重点は、①発展段階を異にする多数の諸国が世界的に望ましい国際分業を形成し、ともに発展をとげうるような貿易取引のルール、②国際企業時代を迎えて、国際企業の活動と各国民経済の利益を調和させるような国際投資のルール、③南北問題の解決に役立つ援助と受入れのルール、④国際収支の不均衡を円滑に調整し、また国際通貨準備の量的不足、信用喪失を解決するための国際通貨体制のルールなどを早急に確立

するため積極的に行動することである。

「平和」と「福祉」に徹しよう

戦後の東西冷戦構造は基本的にくずれ、世界は平和共存に向かってすすみつつある。他方、南北の問題はますます深刻化するにいたった。戦後世界の秩序は政治、経済の両分野で明らかに再編成の局面を迎えている。こうした戦後体制の転換期にあたってわが国の内外政策は根本から再検討されなければならない。日本のこんごの進路を一言にして要約すれば「平和」と「福祉」につきよう。外にたいしては、戦後二十五年間、一貫してきた平和国家の生き方を堅持し、国際社会との協調・融和のなかで発展の道をたどることである。内については、これまでの生産第一主義、輸出一本ヤリの政策を改め、国民のための福祉を中心にすえて、社会資本ストックの建設、先進国なみの社会保障水準の向上などバランスのとれた国民経済の成長をはかることである。こうした内外両面からの要請に応えるための大道こそ私の提唱してやまない日本列島の改造なのである。世界中の国から信頼され、国民が日本に生まれ、働き、そして死ぬことを誇りとする社会をつくりあげるために、私は在職二十五年の議員生活の体験を生かし、国土改造という壮大な事業に取組みたいと考えている。

II

明治百年は国土維新

都市集中のメリットとデメリットが交差

1 近代日本を築いた力

日本がペルリ来航を機会に開国に踏切ったのは、安政六年(一八五九年)の六月である。明治維新に先立つこと九年であった。それまで徳川幕府は二百二十年余にわたる長い鎖国政策をつづけたのである。この開国を契機にして、わが国に新しい近代産業が導入され、育成される端緒がひらかれた。

明治政府は国の独立を守り、急速な近代化をはかるため富国強兵、文明開化とともに、殖産興業による資本主義の育成を重要課題として取りあげた。殖産政策は当初、軽工業の振興に重点をおき、製糸部門では上州富岡(群馬県)に官営の製糸工場をつくり、紡績部門では官営の堺紡績所(大阪府)などを設立した。これらの工場はいずれも原料や労働力を入手しやすい地点に分散して立地された。日露戦争から第一次大戦をつうじて形成された重化学工業部門では石炭の産地に近い八幡や室蘭に製鉄所がつくられ、関連する機械工場がその周辺に配置された。別子銅山に近い新居浜には精錬所がつくられた。これらの立地パターンも明治初期の製糸、紡績業と同じ理由にもとづくものである。

ところが、第一次大戦後、新しい視点からの工場立地が促進されることになった。それまでの原料産地中心の分散型立地から、工業地帯形成をめざして工場の集中化が進行したのである。たとえば東京―横浜にまたがる京浜工業地帯の建設は、その代表的なものである。浅野総一郎氏は、明治四十五年に鶴見埋立組合を設立、十年計画で鶴見海岸に五百ヘクタール（百五十二万坪）の工場用地を造成した。これは在来の工場立地の常識を破って原料産地から離れたところに立地を求めたもので、まったく新しい工場立地の型といえる。原料、製品の輸送に便利な港湾を持ち、大消費地である東京を控えていたことは、集積の利益を求める近代産業にもっとも適していたわけである。京浜工業地帯と前後して昭和十年ごろまでに、工業の集中によって阪神地区、中京地区、北九州地区の工業地帯ができ、戦前のいわゆる四大工業地帯が実現した。

工業の発展と工業地帯の成立は、必然的に人口の集中と商業、サービスなど第三次産業の集中をうながし、都市化を進行させた。産業と人口の都市集中はそれ以後、第二次世界大戦が激化するまで、とどまるところなくつづくのである。

このような工業化の進展は、国民総生産と国民所得の増大をもたらした。私はこうした日本経済の流れをつうじて次の原則を見出すことができる。その一つは「国民総生産と国民所得の増大は、一次産業人口比率の低下と二、三次産業人口比率の増大および都市化に比例する」ということである。たとえば明治初年、全就業人口のうち九〇%を占めていた一次産業人口は、大正九年五四%、昭和十五年四四%と減り、四十五年で一七・四%にまで減った。こうした一次産業人口の減少と、それに対応する二次、三次産業比率の増加によって、わが国の国民総生産と国民所得

産業別就業者数の推移（資料：総理府統計局「国勢調査」）

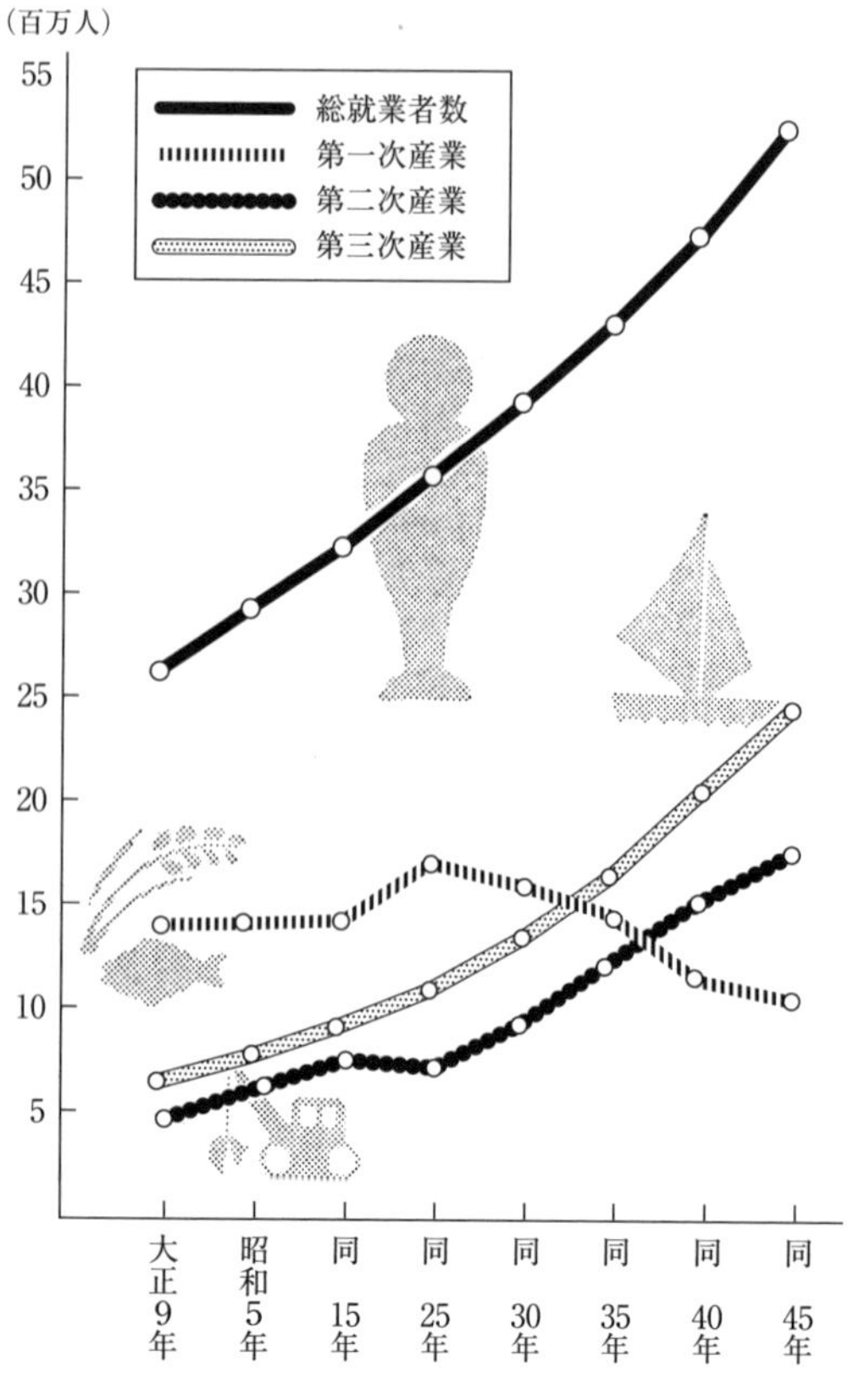

は伸びてきた。

次の原則は「人間の一日の行動半径の拡大に比例して国民総生産と国民所得は増大する」ということである。それは東海道を昔のように歩いていたときと、明治の半ばに東海道線が全通して汽車で二十時間、二日間の行程を要したときと、いまのように自動車、新幹線、ジェット機を利用して短時間でいけるようになったときとをくらべれば、人間の一日の行動半径が拡大すればするほど、経済が拡大したことで明らかである。このような現象からみて「地球上の人類の総生産の拡大や所得の拡大は自らの一日の行動半径に比例する」という見方もできるわけである。

かくして工業は集積の利益を求めて発展し、それによって国力、経済力が拡大した。

2　戦後経済の三段飛び

産業と人口の都市集中は、戦後の高度成長にともなって加速化された。

戦後の日本経済は三つの段階を経て発展してきたといえる。それは復興経済から高度成長経済を経て国際経済へという展開である。別の言葉でいうと、量的拡大の時代―質の時代―国際的質の時代への移行であり、また食の時代―衣の時代―住の時代への変貌ともいえる。

昭和二十年八月十五日、日本はポツダム宣言を無条件で受諾し、第二次大戦が終った。この戦争によって、わが国経済は壊滅的な打撃を受けた。国土面積の四四％が失われ、敗戦直後の鉱工業生産も戦前（昭和十～十二年平均）にくらべ、消費財で約三〇％、生産財で約一〇％というさんたんたるありさまであった。それから二十五年、日本経済は〝世界の奇跡〟といわれる復興をなしとげ、今日の繁栄を築きあげた。敗戦当時、だれがいまの日本を予見できたであろうか。

戦後、しばらくのあいだ、国民の多くはボロをまとい、すき腹をかかえ、その日暮しに耐えながら日本経済の復興に取組んだ。航空機や戦車など兵器をつくっていた工場でもナベ、カマやクワ、スキをつくって露命をつないだ。

日本経済に立ち直りのきっかけを与えたのは石炭、鉄鋼などの生産財を重点的に増産するため二十二年一月から実施された傾斜生産方式の採用であり、アメリカの対日援助であった。次いでインフレの終息と市場経済の復活を目的として、二十四年に一ドル＝三百六十円という単一為替レートが設定され、超均衡予算が実施された。日本経済は否応なく合理化へのきびしい努力を強いられ、その結果、企業は長い戦争期間中に忘れていた能率、コスト、生産性、採算性の経営理念をふたたび自己のものとして取戻した。

このようにして、ほぼインフレの終息には成功したものの、海外市況の不振によって輸出が停滞し、滞貨が増大する一方、徴税の強化によって有効需要が減退し、不況に陥った。

ところが二十五年六月、朝鮮動乱がぼっ発して内外の経済情勢は一変し、輸出と特需の急増で日本経済は生産拡大、近代化への道を歩みはじめた。生産水準も上昇し、同年十月には早くも戦前の水準を越えた。二十七年八月、日本は世界の為替相場の安定と為替取引の自由化推進を目的として設立されたＩＭＦ（国際通貨基金）に加盟が認められた。かくてわが国はＩＭＦ十四条国として、国際社会復帰の第一歩をしるし、二十年代の復興経済はここに終りを告げた。

工業立地の面から二十年代の発展をとらえると、企業はまず四大工業地帯の既存設備を復旧させて生産の拡大をはかった。次いで朝鮮動乱と前後して新しい立地を求めて動きだした。たとえば石油業界は消費地精製主義をめざして太平洋岸の三重県四日市、山口県の岩国および徳山など旧海軍燃料廠跡に精油所を設置した。また鉄鋼業界では二十五年、川崎製鉄社長西山弥太郎氏の発案で千葉の海岸を埋立て、鉄鋼一貫工場の建設を強行した。これは現在の京葉工業地帯の誕生をうながした。

三十年代は高度経済成長の時代である。世界的な景気上昇を背景としてわが国の輸出は増大し、農村の豊作と相まって「インフレなき拡大」と「数量景気」が謳歌された。鉱工業生産は昭和九〜十一年水準のほぼ二倍となり戦時中の最高であった十九年の水準も越えた。三十一年度の経済白書が「もはや戦後ではない」と書いたのは、いまだに記憶に新しい。

三十年代の高度成長は、民間の設備投資と技術革新にもとづく新製品、新産業の台頭によって支えられた。この結果、わが国工業の重化学工業化が急速に進展し、三十六年には六二・八%に達した。これによってわが国はアメリカ、ソ連と並ぶ世界有数の重化学工業国となった。テレビなど家庭電器製品の大量販売を軸とした大量消費時代がおとずれ、三十五年には池田内閣が所得倍増計画を発表して、高度成長政策をいっそう促進した。

この期間をつうじて、エネルギー革命による石炭から石油への原料転換、海外原料への依存度

昭和39年に東京で開かれたIMF総会。壇上で演説する池田首相とその左が著者

の増大、大量消費市場の必要などの理由から、大都市およびその周辺の太平洋ベルト地帯に電力、鉄鋼、造船、化学、石油精製などのコンビナートが形成された。

以上の工業集積に加えて、金融や商業機能その他のサービス機能もこの地帯に集中した。

わが国の経済の急激な成長を待ち受けていたかのように、三十八年二月、IMF理事会は「日本は国際収支を理由として経常取引などでの為替制限を継続する資格は認められない」として、わが国にたいしIMF八条国への移行を勧告した。この勧告にしたがい翌年四月、日本はIMF八条国となった。これと前後してわが国は、資本取引の自由化を原則とするOECD（経済協力開発機構）に加盟が認められた。こうしてわが国は名実ともに先進国への仲間入りを果し、四十年代の開放経済体制のもとで国際経済の荒海に乗出すことになった。

四十二年六月、わが国は資本自由化の基本方針を決め、同年七月、第一次自由化に踏切った。そのご二回にわたる自由化を経て四十六年八月、最終ラウンドともいうべき第四次自由化を実施した。

三十年代の高度成長にたいし、三十九年十一月に成立した佐藤内閣は安定成長を政策目標にかかげた。しかし四十年代の前半はカラーテレビ、自動車などが牽引《けんいん》車となって、いぜん一〇％以上の高度成長がつづいた。この間に重化学工業化はいちだんとすすみ、産業の国際競争力もますます強化された。この結果、四十三年以降の国際収支は、黒字基調に変り、国際収支の天井は取除かれた。そのごもわが国の黒字幅は拡大をつづけ、外貨準備高は四十五年末、四十四億ドル、四十六年七月、七十九億ドル、同年十一月には百四十八億ドルに達し、十二月、国際通貨調整の一環として一ドル＝三百八円、一六・八八％の円切上げを行なうにいたった。

しかし四十年代の高度成長をつうじて、産業や人口の都市集中がいっそうすすみ、過密と過疎の弊害が激化するようになった。

このような経過をたどりながら戦後の日本経済は平均して実質約一〇％の成長をつづけた。

3　人口の三二%が国土の一%に住む

東京・日本橋の道路原標にコンパスの針を置いて、半径五十キロメートルの円を描き、同様に国鉄の大阪駅、名古屋駅を中心に半径五十キロメートルの円を描いてみよう。東京では神奈川県の茅ヶ崎、茨城県の龍ケ崎、大阪では兵庫県の明石、滋賀県の大津、名古屋では関ケ原、愛知県蒲郡あたりまでがそれぞれの円のなかにはいる。

四十五年の国勢調査によると、この三大都市の五十キロ圏に三千三百万人の人が住んでいる。国土面積のわずか一%にすぎない地域に日本の総人口の三二%が集中している勘定だ。わが国の国土面積はアメリカのカリフォルニア州よりもせまい。そのせまい国土の百分の一に満たない地域にスペインの人口と同じくらいの人間が集まっているのだから、デメリットが生じないほうが不思議である。

これらの地域のなかで、首都東京の過密化現象はとくにいちじるしい。東京は国土総面積の〇・六%のところに全人口の一一%、約一千百四十一万人が集中している。しかし、東京の過密はこれだけでは理解できない。というのは東京を取りまくドーナツ圏、神奈川、千葉、埼玉などから昼間、東京都内に通勤、通学してくる人が毎日百九十万人（四十五年現在）にものぼるからである。東京の人口に加えて、これらの流入昼間人口により、東京の過密はさらに拍車がかけられている。

過密を端的に示すのは、交通の異常な混み方である。東京の国電の混雑率をみると、ピーク時には山手線・上野〜御徒町間二七六％、常磐線・三河島〜日暮里間二六五％、総武線・平井〜亀戸間二五六％とほとんどの幹線で二五〇％を越えている。定員にたいして実際に乗車している人員は二・五倍を越えているわけだ。二五〇％という混雑率は電車のなかで身動きもできない状態を指し、三〇〇％になると呼吸をするのが精いっぱいで人体に危険がおよぶ。

東京と並んで首都圏にも人口の過度集中が目立っている。首都圏とは東京都を中心とした一都七県（神奈川、山梨、埼玉、千葉、栃木、茨城、群馬）の全域をいうが、四十五年の首都圏の人口は三千二十六万人で、四十年からの五年間に三百二十九万人もふえている。

これまでに地方から若い人びとがおおぜい流入してきた結果、首都圏（近畿圏も同じ）と地方との出生力に大きな格差が生じてきた。いま、全国の人口移動がまったくストップしたと仮定しても、十〜十五年後には首都圏などでは就職年齢、結婚適齢の若者が大幅にふえる。

このような過程で、都心の空洞化現象がクローズアップされてきた。過密がすすんでいる首都圏地域としては一見、矛盾しているように受取れるが、実際はそうではない。むしろ、都心の空洞化は過密のいきつくところの姿ともいえる。その理由は、東京二十三区内の地価の高騰が、住宅の新設を困難にしているほか、二百二十万台を越える自動車の排気ガス、騒音などによって各種の公害が発生し、都内の居住条件をいちじるしく悪化させているからである。

都心三区（千代田、中央、港）はすでに三十年代前半から人口が減少しはじめているが、三十年代後半からは周辺地区（新宿、渋谷、豊島、台東、文京）におよび、四十年代にはいると城南三区（品川、目黒、大田）も減少に転じている。

東京の都心部の空洞化と並行して都内に住むことがむずかしい人口が、千葉、神奈川、埼玉の三県にあふれでて、東京都の周辺地域に無秩序に住宅を建ていわゆるスプロール現象を激化させている。このすう勢がつづく限り、昭和六十年の首都圏人口は四十五年にくらべて一千万人もふえ四千万人を突破するであろう。

4　許容量を越える東京の大気汚染

これまで人類は「自然から資源をえて、これを生産・消費し、廃棄物を自然へ排出する」という自然の循環メカニズムのなかで生きてきたし、その自浄作用をつうじて自然が維持されてきた。私たち日本人もその例外ではない。ところが三十年代にはじまった経済の高度成長の過程で人口、産業の都市集中がすすみ、自然の自浄作用を越えた環境汚染の問題が発生してきた。

大都市地域では車の排気ガスや工場からの煤煙などで硫黄酸化物が大量にバラまかれて、大気汚染がすすみ、工場の排液や下水の不完備による汚水などによって川や海の水質汚濁が深刻化している。さらに水銀やカドミウムなどの重金属による魚、農作物などの汚染も発生している。こうした公害問題は国民の生命をむしばみ、暮しを破壊する元凶として、その一掃が国民から強く求められるにいたった。また最近ではプラスチック容器や電気洗濯機、テレビなどの粗大ゴミも大量に排出され、その処理が社会問題にまでなってきている。

公害問題の実態を大気汚染と水質汚濁の両面から取りあげてみよう。

通産省がまとめた東京湾周辺の大気汚染調査によると、四十三年の硫黄酸化物の発生量は硫黄に換算して六十万五千トンであった。このうち五万五千トンは除去されたが、残り五十五万トンが排出されて公害論議をまき起している。この除去率はわずか九%にすぎない。現在の立地動向を仮りに認めたうえで硫黄回収設備をもっと増加し、除去率を引きあげたとしても、五十年の東京湾周辺の大気汚染量は現在の二倍になる見通しである。つまり、五十年の硫黄酸化物の

工場の煤煙で都会の空気はよごれる一方

発生量は百四十四万トンに達し、除去率を二一％に引きあげたとしても、その排出量は百十三万トンであり、硫黄酸化物の排出は四十三年にくらべて二・〇七倍に増大することが予測されている。

現在、都内に咲くさくら（そめいよしの）をよく観察すると、花の肉厚が薄くなったり、色があせたり、葉が小さくなったり、明らかに大気汚染によるとみられる影響がでており、このままでは数年後に花が咲かなくなる恐れがあるという。こうみると、人間の環境にたいする順応性を考慮にいれても、慢性気管支炎など呼吸気道に与える影響は避けられず、やがては死亡率が高まるという結果を招きかねない。

一方、水質汚濁も急ピッチですすんでいる。東京、埼玉、千葉、神奈川の一都三県の共同調査によると江戸川、荒川、多摩川など主要河川はいずれも国が定めた生活環境基準を大きく上回るよごれ方が報告されている。たとえば江戸川の場合、栗山取水口地点で、ＢＯＤ（生物化学的酸素要求量）に換算して一日に約一万四百キログラムの汚濁量が流入している。そのため江戸川の水質は河口から約二十五キロメートル上流の流山橋地点より上流の区間でＢＯＤ二・一～三ＰＰＭ、同地点より上流の栗山取水口地点までの間でＢＯＤ三・一～五ＰＰＭという調査結果がでている。これは農業用水なみの汚染であって、栗山取水口地点より上流の江戸川全区間の水質を国が定めた環境基準までに改善するためには、この区間に流入するＢＯＤ汚濁量を一日あたり三千百七十キログラム以下に減少させなければならない。すなわち、現在一日一万四百キログラム流入している汚濁量の約七〇％を減らさなければならないのである。

このように都会の空気や川は日増しによごれ、早急に対策を施さなければ、市民の健康に悪影響をおよぼしかねない状態になっている。

自治省が調査した四十四年度における公害の苦情や陳情の受理件数は、全国で四万八百五十四件にのぼっており、このうち三大工業地帯を持つ東京、大阪、名古屋の受理件数が、七割弱を占めているのをみてもそれがわかる。

5　一寸先はやみ、停電のピンチ

このところ例年、電力需要のピークとなる夏場には、電力不足が心配され、電力会社ではその対策に頭を痛めている。

電力需要のピークは、かつては十二月であったが、現在では八月にくるようになった。これは家庭用電気クーラーが全国的に普及したほか、ビルなどの業務用冷房の需要が飛躍的に増加したからである。このため夏季のピーク時には、電力会社が大口需要家にたいし休日振替などを依頼して需給の調整につとめているものの、異常渇水や大容量発電所の長期にわたる事故が発生すれば、電力の供給はたちまちお手あげになりかねない情勢である。

東京の霞が関ビルは三十六階建てを誇る日本最初の高層ビルである。このビルの電力使用量は年間二千九百万キロワット時で、東京の民家一万六千軒の電力使用量にあたる。しかも東京、大阪、名古屋にはこのようなビルがぞくぞく誕生している。

関西電力では四十六年七月十三日から九月十日までの約二カ月間、工場など電力の大口需要家にたいして休日振替を実施した。これは日曜日の比較的電力があまっているときに工場を操業してもらい、その代り電力需要の高いウイークデーに一日休むという苦肉の策である。ところが、工場が日曜操業となると、あるハム工場は従業員の大半が主婦のパートで占められているため、出勤がガタ減りになった。さらに通勤バスが日曜日は休みなので不満が続出した。このような例をみると、休日振替は長期にわたって実施できる対策ではない。

四十七年度における電力の供給予備率は、全国平均で八％の適正予備率を確保できる見通しである。これは不況による産業用需要の停滞が見込まれるためで、基本的には電力需給が楽観を許さないことには変わりはない。

四十七年二月、日本電力調査委員会が策定した長期電力需給見通しによると、五十一年度の総需要電力量は五千七百五億キロワット時と想定している。これは四十五年度のほぼ一・八倍にあたる。電力需要の年平均伸び率は約一〇％で、とくに夏季ピークの最大電力を九千四百六十一万キロワット（四十五年夏の二倍）と試算している。このような電力需要をまかなうためには、電力会社が希望する電源開発が計画どおりに推進できることが前提になる。

その電源開発計画によると、四十六年度から五十五年度末までに、水力約一千三百五十三万キロワット、火力約五千九百四十六万キロワット、原子力三千二百九十万キロワット、合計約一億五百八十九万キロワットの電力を新たに供給することになっている。ところが、四十五年度までに電源開発調整審議会で認可されているのにまだ着工できないものは、関西電力・新宮津火力一、二号、大飯原子力一、二号など六地点、合計五百八十二万キロワットにもおよんでいる。さらに四十六年度については約二千万キロワットの新規着工を計画しているが、これまでに決定したのは、一千四百十六万キロワットにすぎない。

こうした計画の実施がおくれているのは、火力発電所の立地の場合は、重油の使用による硫黄酸化物の発生で大気が汚染したり、温排水で漁民の生活が脅かされるなど地域住民の反対によるものである。原子力発電所の場合も、放射能の安全性にたいする疑問や自然環境が壊されるという心配、さらに温排水で魚がとれなくなるという漁民の反対などから立地が困難になっている。このような問題を解決しない限り、電力需給のひっ迫を解消することは困難である。

6　時速九キロの〝くるま社会〟

経済の高度成長、所得水準の向上、余暇の増大などにともなって、わが国の自動車交通は急速な発展をとげ、国民の行動半径は大きく拡大した。〝ドア・ツウ・ドア〟の乗用車を中心に人びとの生活様式も変わり、〝くるま社会〟といわれる新しい局面がひらけてきている。

しかし、わが国の場合、欧米諸国にくらべて自動車が普及しはじめてからまだ日も浅く、モータリゼーションが一足飛びにきただけに、道路の整備が追いつかないという状態がつづいている。

わが国の道路整備は、二十九年度に第一次道路整備五カ年計画が発足していらい、ここ十数年、いちじるしくすすんできた。その間に完成した高速道路は、三十八年に名神高速道路・小牧〜西宮間百九十キロメートルが開通したのを皮切りに、東名高速道路・東京〜小牧間三百四十六キロメートル、中央自動車道富士吉田線・調布〜富士吉田間八十五キロメートルと相次いでいる。

四十七年から四十八年に完成が予定されているのは、東北縦貫道・岩槻〜宇都宮間九十二キロメートル、九州縦貫道・南関〜植木間二十二キロメートル、中央自動車道・高井戸〜調布間八キロメートル、北陸自動車道・金沢〜小松間二十三キロメートルである。四十九年度末までに開通する予定の高速道路は、全国で合計一千九百キロメートルとなり、六十年度末には七千六百キロメートルに達する予定である。

これと同時に道路事業投資額もふえ、四十七年度は二兆一千五百億円と四十年度にくらべ約二・七倍にふえている。しかし、自動車の保有台数も四十七年二月末現在で二千百十万台（うち東京は二百三十五万台）と四十年度の二・四倍にふえており、車と道路のイタチごっこという実情である。

車の増加するスピードに道路整備が追いつけないのは、道路の建設費用が年々上昇しているためである。たとえば、首都高速道路三号線二期工事は一メートルあたり三百二十万円、阪神高速道路池田線は二百八十万円という大きな額となっている。名神高速六十万円、東名高速九十九万円にくらべると大幅な高騰ぶりである。また、四十五年末現在の道路舗装率でみると、イギリス一〇〇％、イタリア八八・八％、フランス八二・六％、西ドイツ七六・七％、アメリカ四三・七％にたいし、日本はなんと一二・七％で世界第五十七位にとどまり、文明国では最低のひどさである。

このような状態から交通事故や交通渋滞が日常茶飯事となり、交通戦争といわれる大きな社会問題となっている。とくに東京、大阪、名古屋といった過密地域では、交通渋滞が日ましにひどくなっており、毎日の仕事や経済活動に大きな支障をきたしている。これは日本の都市の道路率（都市面積にたいする街路面積）が欧米の主要都市にくらべて極端に小さいためである。たとえばワシントン四三％、ニューヨーク三五％、パリ二五％、ロンドン二三％という道路率にたいし、東京は一二％、名古屋が一八％、大阪にいたってはわずか九％にすぎない。

車の渋滞がひどく満足に走れない

このような事情も手伝って、トラック業者の集配コストは増加の一途をたどっている。運輸省経済研究センターの調査によれば、東京の主要営業トラック業者の集配コストは、三十四年にトンあたり九百十八円であったものが、三十八年には一六％増の一千六十六円、四十三年には六七％増の一千五百三十四円に上昇しており、最近ではさらにこれを上回っている。

大都市における車の渋滞はひどく、自動車のスピードはいちじるしく落ちている。関東地方建設局の四十六年秋の調査によると、東京都内の国道区間二百キロメートルにおける車の平均速度は時速二十キロで、朝夕のラッシュ時には、九キロにまで落ちるという結果がでている。また東京都の四十六年調査によると、日本橋から須田町、上野を通って浅草にぬける国道六号、日本橋から一ツ橋、神保町を通って巣鴨にぬける十七号における車の平均時速はそれぞれ四キロ、七・七キロとなっている。短距離のかけ足ならば人間のほうが速い。

自動車保有台数の推移

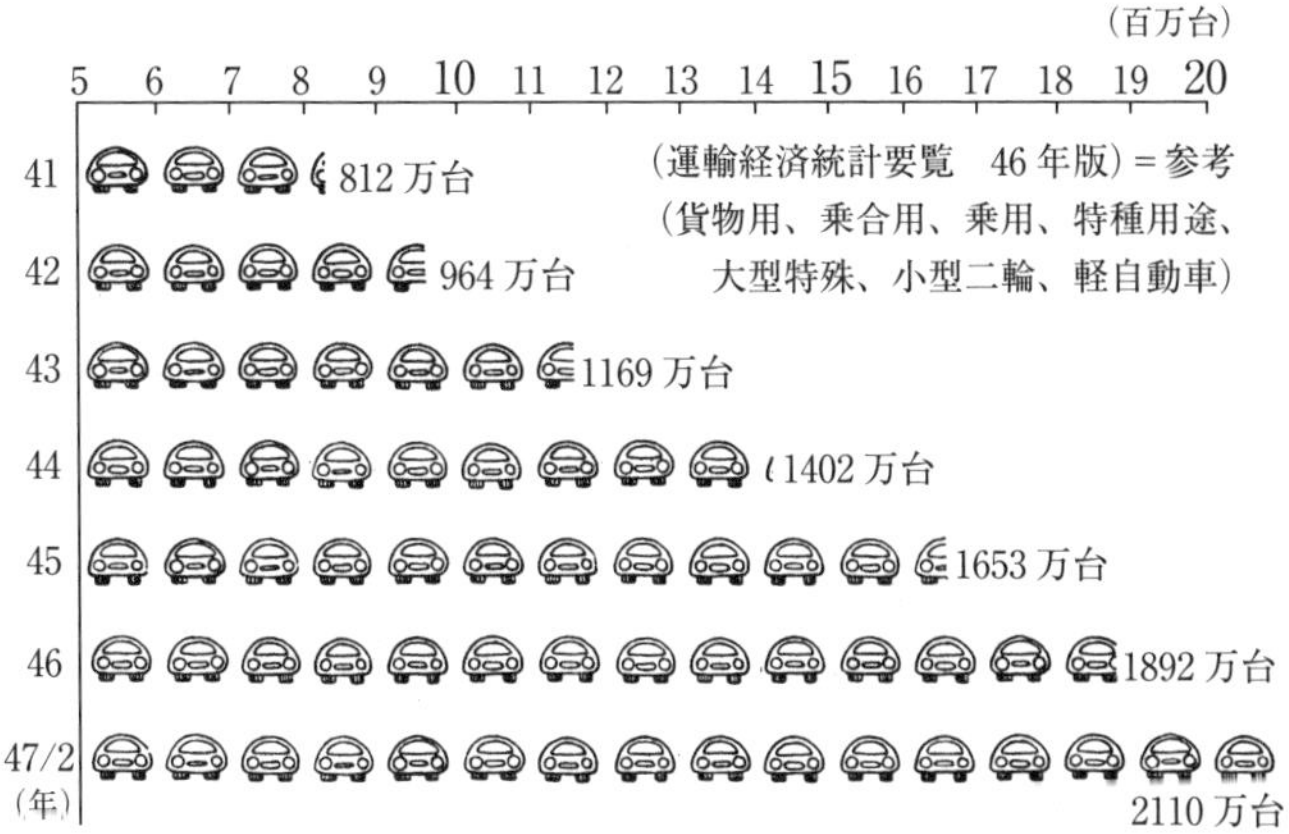

わが国の自動車の保有台数は四十七年二月末現在、二千百十万台と世界第二位を維持しているが、六十年には、これが三千九百万台か四千万台と倍増するだろう。四十五年十二月現在でみると、わが国の自動車一台あたりの舗装道路の延長は、わずか八メートルである。アメリカ、イギリスの三分の一に足らず、フランスの約六分の一である。よほど力をかたむけて道路をふやし、道幅を広げ、舗装率を高めなければ、日本中の道路という道路は車の洪水であふれかねないと思う。いまでさえ、都内では車の能率が悪く、危険なので、車を買っても、それをあまり使わずに飾っておく人が多い。車に乗るのではなく、持つことに意義があるというわけだ。これは皮肉でもなんでもない。現実をみれば、事態の深刻さが理解できる。

車がふえれば、道路の維持補修費もウナギのぼりに高くなる。現在、わが国では自動車一台あたりの道路維持補修負担額は、国民一人あたり全国平均でおよそ五十万円である。ところが、東京では一千五百万円もかかるという計算もある。これは本当に気の遠くなるような話だが、全部、現実であることを認識してもらいたい。

7　一人、一平方メートルの公園面積

四十六年四月、東京都の知事選挙で「都民に青空と広場を」と訴えた美濃部亮吉氏が当選した。当時、自民党幹事長として選挙の采配をふった私は〝敗北〟をつうじて、都民がいかに青空と広場を求めていたかを改めて痛感した。

建設省が四十六年にまとめた調査によると、国電環状線内にある都心三区（千代田、中央、港）および品川、渋谷、新宿、文京の四区の建物の高さは平均二階となっているが、それ以外の二十三区内の建物は平均一・七階にすぎない。都内は家並みでギッシリ際限なく、たて横に広がっている。このため東京では子供の遊び場はもちろん広場、公園はスズメの涙ほどしかない。

育ち盛りの子供たちは、アパートの階段やマーケットで遊んだり、車をよけて路地裏で時をすごす有様である。朝早く、家からわざわざ電車に乗って、遠く河原に野球の場所取りにいってお巡りさんにしかられたと作文に書いた子供もいるという。「青空の下の広い野原に連れ出した

が、子供はもじもじするばかりで、ついには青草の上に坐りこんでトランプをはじめたという話もある」（溝口謙三著「教育のへき地―過密と過疎の中の子ども」日本放送出版協会刊）というのが現実の姿なのである。

わが国の都市公園は、住民一人あたり六平方メートルが整備の標準とされているが、東京の場合、四十六年度末現在でみると、一・二平方メートルと基準のやっと五分の一がつくられているにすぎない。都市環境のなかで、都市公園の果す役割は非常に大きい。老人が日なたぼっこをしたり、主婦が子供を遊ばせ、恋人たちがデートに使うほか、災害時の避難場所として役立つことを住民は公園に求めている。公園は人間性回復の場であり、人間の生命を守るトリデでもある。

それでは、東京に公園はどのくらいあるのだろうか。四十六年三月の建設省調査によると、都内二十三区に一千九百五十八カ所、市部に五百七十一カ所、町村に三十一カ所で合計二千五百六十カ所、一千四百ヘクタールとなっている。これはニューヨークの公園総面積一万五千ヘクタールの十分の一にすぎず、パリの二千九百六十五ヘクタールの半分以下にすぎない。

東京の代表的な公園である日比谷公園の広さは十六ヘクタール弱である。ニューヨークのセントラルパークの総面積三百四十ヘクタールにくらべると約二十分の一である。都民一人あたりの公園面積は一・二平方メートルであるのにたいして、ニューヨークは十九・二平方メートル、ロンドンは二十二・八平方メートル、ベルリンは二十四・七平方メートルとなっている。

パリのルクサンブール公園を散歩すると、緑の木立のなかに人の姿がチラホラ見える程度で、小鳥がさえずり、リスが走り抜けるというのどかさである。日本の公園のように休日になると人があふれ、ベンチは満員で、すわるところもないという風景はまず見あたらない。このことは、公園や緑地の果す役割が外国では十分に認識されていることを物語っている。

8　五時間で焼けつくす東京の下町

東京の下町には木造の低い建物が密集している。このような密集地帯に大地震や火事が発生した場合、いったいどうなるだろうか。

大正十二年九月一日、関東大震災が東京を襲った。地震の規模はマグニチュード七・九で、東京の震度は六（烈震）であった。当時の記録によると、この地震によって発生した火災は三日間延べ四十時間にわたって燃えつづけ、約六万人の生命を奪った。行方不明者を入れると犠牲者は十万人以上にも達したという。東京・本所被服廠跡に難を避けて逃げこんだ人びと三万八千人が焼死するという生地獄さながらの悲惨事も起った。損害額は当時の金で約百億円、現在の金で数兆円にも達したのである。

いま東京が関東大震災と同じ規模の大地震に襲われたらどうなるだろうか。東京都防災会議、東京消防庁によると、倒壊家屋二万戸、圧死者二千人、地震が発生してから五時間後に品川区、

関東大震災（大正 12 年）で焼け落ちた東京（上野広小路付近）

中野区の面積に匹敵する十六平方キロメートルを焼きつくし、焼死者実に五十六万人という恐るべき被害が予想されている。木造住宅が密集している墨田区、葛飾区、江戸川区、江東区といった下町の場合、五時間でその八割を焼きつくすと推定されている。

さらに防災面から、当時とくらべると、住宅の密集、石油、薬品など危険物の増大、自動車の激増、地下街の普及など悪い条件が増大している。

火災が起ったとき、引火源になるガソリンスタンドの数は、四十六年三月現在、東京二十三区で二千五百カ所もある。関東大震災のときにはなかったものである。

自動車もくらべものにならないほどふえた。当時、東京の自動車保有台数は四千四百台にすぎなかったが、四十七年二月末現在では二百三十五万台となっている。いうまでもなく、この一台、一台は引火源である。

問題は林立する高層ビルである。四十七年五月十三日夜、大阪の千日デパートビル（七階建て）で火災が発生、百十八名が死亡するという大惨事が起きた。大阪市消防局はポンプ車、ハシゴ車、空中作業車など五十二台を出動させ、消火にあたったが、救助が間に合わず、飛び降りて死んだ人も多かった。このビルは高さ二十二メートルで、三十二メートルクラスを含むハシゴ車七台が屋上で助けを求める人を救出したが、十分な効果をあげることができなかった。一カ所のビルの火災でさえ、このような有様である。

東京都の消火能力は、四十七年三月末現在でハシゴ車三十一台、空中作業車八台、七人乗りヘリコプター三機などというのが実態である。このため東京消防庁では「第二の関東大震災が起ると、燃えるにまかせるほか手はない」と心配している。

地下街の出現も大きな問題である。東京では四十七年三月末現在で、新宿ステーションビル地下（二万八千九百三十三平方メートル）をはじめ、地下街が八十八カ所もある。ここに大火事が起った場合の結果は、あらためて指摘するまでもない。

大地震が起れば、こうした災害が同時に各地で多発し、相互に作用し合って、収拾できない混乱状態をつくりだすことは明らかである。

産業の面でみても、東京を中心とした関東地区は全国の工業出荷額のうち三七％を占めている。これが直撃を受ければ、日本経済の屋台骨は根本からゆさぶられることになる。

9　生活を脅かす大都市の地価、物価

総理府統計局が調べた全国の消費者物価指数によると、四十五年は四十年にくらべて三〇・四％、四十六年は三八・三％も上昇している。とくに大都市においては消費者物価の上昇がいちじるしい。四十五年の水準でみると、東京、大阪など七大都市のほうが農村地域にくらべて一一・一％も高くなっている。この有力な一因は、野菜や魚など食料品価格の高騰によるものである。

東京都の調査によれば、都内への野菜の持込み量は三十三年に年間九十万一千トンであったが、四十五年には百五十八万七千トンと七五％もふえた。魚も五十万二千トンから八十二万六千トンへ六五％近くふえている。値段の面でみると四十年を一〇〇とすれば、四十五年は野菜が一三九・三、魚は一七八・八と急騰している。

中央卸売市場の調査によると、四十一年四月、百グラムあたり九円だった大衆魚の真アジは、四十七年四月には三十円、イカも十三円だったものが三十八円にまではねあがっている。これは大都会における人口の増加によって需給のバランスがくずれていることと、直接には流通機構の

生活防衛に必死な都会の主婦

近代化、合理化がおくれて中間経費の増大と人件費の値上りが小売価格にしわよせされているためである。

不動産研究所の調査によると、三十年三月を一〇〇とした東京、大阪、名古屋など六大都市の地価指数は、四十六年三月には一九六五に急上昇している。十五年間に地価は二十倍近くあがったわけである。これは三十年代から四十年代前半の高度経済成長時代をつうじて、六大都市とその周辺に産業や人口が過度集中し、限られた土地に需要が急増したためである。

現在のサラリーマンは定年まで汗水を流して働き、その結果、平均四、五百万円の退職金を手にする。しかし、これでいざ自分の家を建てようとしても、土地、住宅両方の資金を加えると、都心から二、三時間も離れた場所でさえ、自己資金だけでは持家建設の夢を果せないのが大都市では普通である。

10　一人あたり四畳半の住宅

わが国の住宅建設戸数は、四十一年度にはじめて百万戸を越えていらい、年率一〇％以上の割合で増加している。この結果、民間、公営を合わせた住宅戸数は、四十五年十二月末に二千八百六十五万戸となっている。

しかし、このような住宅の量的拡大にもかかわらず、都市部における住宅難はいぜん解消されていない。とくに大都市およびその周辺地域では、人口の流入が住宅の建設テンポを上回っており、住宅難はむしろ深刻化しているのが実情である。一人あたりの畳数をみると、四十三年の総理府調査では全国平均で五・六畳となっている。これにたいし東京では四・五畳、大阪では四・六畳と全国平均を下回っている。一人あたり四畳半といっても、これはダイニングキッチンなどを含めた畳数を頭割りにしたもので、実際に一人で使える畳数ははるかにすくない。

東京では借家暮しや、間借りをしている人の数が他の地域にくらべて圧倒的に多い。四十三年七月現在でみると、全戸数二百九十七万戸のうち、民間の借家はその四二％にあたる百二十九万二千戸を占めている。しかも、この七割近い八十一万九千戸は木造の賃貸アパートである。一世帯あたりの居住面積は民間の借家で八・六畳、木造アパートにいたっては、六・五畳にすぎない。家具や調度品が占める場所を差引けば、寝るだけがやっとということになる。しかも炊事場や便所は共同使用のところが圧倒的に多く、この居住条件はきわめて悪い。これでは文化的な生活はおろか、健康で快適な暮しすらとてもおぼつかない。

東京の間借人協会の会長をつとめたことのある作家の中村武志氏は「都会の日本人は一生のうち、必ず民間アパート暮しをするよう宿命づけられており、最近はその期間が長くなりつつある」といっている。そして協会に持込まれる苦情には「権利更新料が高い」とか、「赤ちゃんが生まれたら立ちのいて欲しいといわれた」などが多く、安心して暮せない間借人の実情を示している。

せめて公団住宅にはいりたいとなれば、2DKで家賃二万円程度のものは、片道一時間から二時間もラッシュの電車で通わなければならない遠方にあり、入居の倍率も非常に高い。所得もふえ、やりくり算段もできて自分の家を持ちたいとしても、地価の高い都心では無理である。坪十万円の土地は通勤に二時間もかかる四十キロメートル圏であり、都心まで一時間半以内で通える二、三十キロメートル圏では坪十数万円というのが実情である。土地の入手だけでこれだけの支出がいるうえに、建物の建築費も最近では坪十万円以下というのはすくない。

そこで都心の公団分譲住宅を求めれば、最近の分譲住宅の場合、3LDKで七百万円という値段である。それでも七百倍の競争率になっているのは、自分で土地を求め家を建てるよりはまだこのほうが割安だという計算からであろう。大都市に住む庶民にとって、安くて快適な住宅の入手は、現実の問題としてまず不可能というのが実情である。

11　不足する労働力

大阪のある大企業は、若年労働力を確保するため各地方の中学生に目をつけ、一年生のときには電気洗濯機、二年生になると電気掃除機を少年、少女の家にとどけ、両親の歓心を買って中卒の労働力を集めているという。この〝青田買い〟ならぬ〝タネモミ買い〟は実際の話である。また東京のある大企業は、地方の中卒者一人を雇うのに四十万円の費用をかけている。しかし、せっかく集めた少年、少女たちの半分は短期間でやめていくので、一人あたりの雇用コストは結果的に八十万円になるといわれている。

総理府統計局の調査によると、四十五年度に一千七百五十五万人あった十代から二十代の若年労働力人口は、五十年度になると一千六百二十一万人と百三十四万人も減少するという見通しをたてている。労働力人口全体の伸びも、人口増加の停滞にともなって鈍化のきざしをみせはじめている。わが国の労働力人口は、三十八年から四十二年にかけて年平均八十二万人ふえてきた。ところが四十二年から四十五年までの伸びは、年平均五十七万人と減ってきている。

このような労働事情のなかで特徴的なのは、大都市の工場における労働力の不足である。とくに熟練工の不足が目立っている。新規の労働力が、ブルーカラーをさけて、事務員やサービス業に流れる傾向が強いためである。

私がとくに指摘したいのは、最近における若手労働力の〝Uターン〟現象である。たとえば、鹿児島県の調査によると四十五年一年間に四万四千七百人の労働力が県外に職を求めたが、一方、同期間中に三千五百人がUターン労働者として郷里に帰ってきている。その六割強は二十五歳以下の若者であり、そのほとんどが地元に定着しているという。その理由として「給料が安くても暮しよい」「環境がよい」「自分の技能を生かせる」などをあげている。

12 過疎と出かせぎでくずれる地域社会

過密とは裏腹に、地方では過疎現象が激化し、大きな社会問題になっている。四十五年の国勢調査が、その実態を次のように明らかにしている。

わが国では、三十五年から十年間に九州六県、東北五県、四国四県、中国三県、北陸、関東の各二県の合計二十二県で人口が減少した。また四十年から四十五年のあいだに、全国市町村の七割にあたる二千三百四十五の市町村で人口が減少している。

このような過疎現象を生みだしたのは、三十年代にスタートした重化学工業化の進展と全国的

過疎化現象がいちじるしい岩手県上閉伊郡宮守村付近

な都市化の進行のなかで、地方の人びとが、より高い収入の機会を求めて郷里を離れ、若者たちが都会生活の華やかさにあこがれて、大都市に向かって奔流のようになだれ込んできたためである。

かつて筑豊炭田の町として栄えた福岡県山田市は、三十五年当時、三万百四十人の人口を擁していた。ところが、エネルギー革命による炭鉱の閉山によって、四十年には一万五千三百三十四人に半減した。これはやまの従業員とその家族だけでなく、商売ができなくなった商店なども店をしめ、いっせいに町を離れたからである。往時、活気にあふれていた町も、いまでは市として存続できるかどうかの岐路に立っているという。

また、わが国で指折りの銅山といわれた愛媛県宇摩郡の別子銅山は、四十八年三月に閉山することになった。明治のはじめには一万人を越える人びとで栄えたこのやまも、鉱量の低下とともに人口が減りはじめ、いまでは閉山をまたずに、八百人そこそこにまで減っている。約三百年間つづいたやまの灯が消えると、やまと運命をともにしてきたこの別子山村はどうなるのだろうか。

地方における人口の減少のおもな原因は、農業人口の二次、三次産業への移動である。今日の日本農業が歴史的な転換期に直面していることはいまさらいうまでもない。四十三年いらい、わが国の主要農産物である米は供給過剰となり、減反せざるをえなくなっている。経済の国際化にともなって、農産物自由化の要求も強まり、国際農業と対抗するためには、わが国農業の生産性を高め、その体質を強化する以外にない。国内経済の面からみても、農業所得を二、三次産業なみに引きあげない限り、農業は後継者を失うだろう。すでに農村の若者たちは、大量に郷里を離れ、残された農村の高齢化がすすみ、バランスのとれた社会生活をおくることが困難になっている。

四十六年度の農業白書によると、わが国の全国農家の一戸あたり年間総所得は、平均百五十九万六千円である。このうち農業所得は五十万八千円で、農外所得が八十九万八千円と総所得の六割近くを占めている。農家が農業所得だけではもはや暮せない、という現実がここに示されている。

東北、北陸の米作単作地帯を中心に全国的に広まっている農村の出かせぎ問題は、このような理由によるものである。春秋の農繁期を除くと、農村では年寄り、主婦だけで日常の生産や社会活動をするしかない。たとえば新潟県には女性だけの消防隊さえつくられている。

農村に若者の姿が減り、出かせぎで夫婦が長いあいだ、離ればなれに暮し、年寄りが重労働にあえぎ、医者の姿もみえない農村から、明日の日本を築きあげるエネルギーがどうして生まれるだろうか。

III

平和と福祉を実現する成長経済

成長追求型から成長活用型へ

1　経済の成長は可能かつ必要

「奇跡」ではない日本の成功

戦後の日本経済は、平均して実質一〇％以上の高度成長をつづけてきた。これは、日本経済が戦後の復興をとげる過程だけでなく、そのごも衰えることなくつづいた。三十五年から四十五年までの平均成長率が、実質で一一・一％という数字がこれを物語っている。このような経済発展は、世界史上にも例がなく、世界各国から〃日本の奇跡〃として高く評価された。その原因について、多くの専門家が次のような理由をあげている。


第一は、日本が現行憲法のもとで平和主義を貫き、軍事費の負担をできるだけすくなくしてきた。

第二は、教育水準が高く、勤勉な労働力が豊富に存在した。

第三は、新技術や新設備を積極的に導入して技術革新につとめた結果、産業の生産性が向上し、その国際競争力が強化された。

第四は、企業経営者の積極経営を支える金融機構が存在し、政府も建設的な役割を果した。

第五は、自由、多角、無差別の戦後世界貿易体制が、わが国に有利に作用した。

第六は、自由民主党が国民多数の支持をえて、政治を安定させてきた。以上の理由である。

この結果、日本経済には好循環ともいうべき〃成長のサイクル〃ができた。これは、民間企業の設備投資を起動力とし、投資が投資をよぶという循環であった。

こんごも成長は可能

ところがここ数年、日本経済をめぐる内外の情勢が急速に変化してきた。

第一は、これまでの好循環を支えてきた民間設備投資が、停滞のきざしをみせていることである。民間設備投資は、三十五年度から四十五年度までのあいだ、年平均一四・八％の拡大をしてきたが、四十六年度は前年より減少し、四十七年度も停滞、減少が見込まれている。

第二は、輸出の拡大がこれまでのテンポでなおつづくのを、あまり期待できないことである。輸出は戦後日本の経済発展にとって、先導的な役割を果してきたが、その伸びすぎにたいする諸外国の警戒心が高まり、輸入制限の動きが続発している。

第三は、高度成長時代をつうじて、大都市の過密、環境の汚染が深刻化し、工場立地は公害を連れてくるという住民の反対が強まっている。このため業種によっては工場の新規立地が困難になりつつある。

第四は、労働力、とくに若年労働力が不足してきている。

このような理由を指摘して「日本経済の高度成長は終った」という人もすくなくない。しかし、民間設備投資や輸出の伸びが大きく期待できないとしても、こんごのわが国経済の成長を支えうる要因はまだ十分に存在している。

その一は、社会資本投資の拡大である。四十五年の国民一人あたりの社会資本ストックは、四十五万円であった。これはアメリカの三分の一、イギリスの八分の五、西ドイツの三分の二にすぎない。過密と環境の悪化を防ぎつつ、より高い水準の生活と大きな産業活動を実現し、美しい日本を築くためには、なによりも社会資本の全国的な充実が必要である。アメリカとの格差をなくすためには、七〇年代をつうじて二百七十兆円程度の社会資本投資が必要であると計算されている。公園、運動場、下水道、ゴミ処理場、医療施設、道路、港湾などを緊急度の高いものから建設し、整備し、拡充していくことが、国民から強く求められている。

その二は、個人消費の拡大である。現在、わが国の個人消費額は一人あたり平均七百三十八ドルであり、アメリカの二五%、西ドイツ、フランスの半分にすぎない。しかし、こんご国民所得が増大し、生活水準が向上する過程で、国民の欲求も高度化し多様化する。このため、住宅をはじめ、教養や余暇利用、スポーツなどの個人消費支出が飛躍的に増大することである。また伸びが鈍化している民間設備投資についても、省力化、公害防止、安全確保などの部門では、活発な投資が期待できる。

その三は、わが国が一億人を越えるすぐれた国民をもち、自由で民主的な経済、社会体制のもとで平和と国際協調を促進する積極的な経済運営が可能であることである。

したがって、私たちが時代の変化に対応し、これまでの民間設備投資主導＝輸出第一主義の経

1人あたり国民所得の国際比較

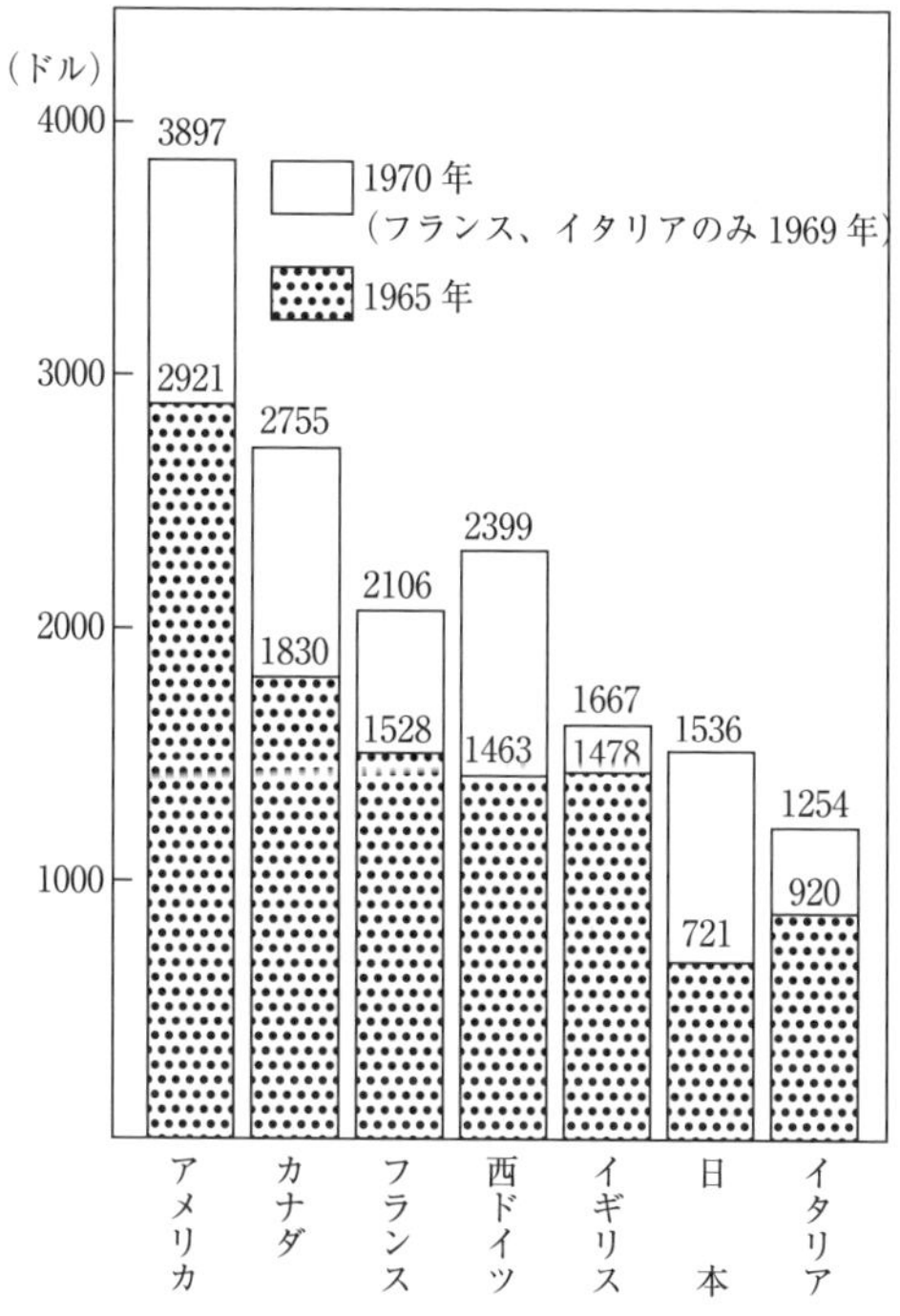

済運営を転換して、公共部門主導による福祉重点型の路線を政策の根幹にすえ、その実現につとめるならば、日本経済はまだまだ高い成長を持続していくことが可能なのである。

福祉は天から降ってこない

一部の人びとは「高度成長は不必要だ」「産業の発展はもうごめんだ」とか「これからは福祉の充実をはかるべきだ」と主張している。しかし「成長か福祉か」「産業か国民生活か」という二者択一式の考え方は誤りである。福祉は天から降ってくるものではなく、外国から与えられるものでもない。日本人自身が自らのバイタリティーをもって経済を発展させ、その経済力によって築きあげるほかに必要な資金の出所はないのである。

仮りに日本経済の成長率をかなり下げた場合、わが国の経済社会はどうなるだろうか。まず公共施設の整備や住宅の建設が相対的におくれ、個人所得の伸びも低下する。ある試算によれば、企業の内部留保や利益を大幅に減らして給与に回したとしても、毎年の定期昇給に吸収されてしまい、実質的なベースアップはほとんど不可能となる。貿易の面では、停滞経済のもとで原材料の輸入が大幅に減り、日本への輸出に依存している発展途上国の期待を裏切ることになる。さらに国内需要の不振から輸出に活路を求めざるをえない産業の場合、諸外国とのトラブルを引き起す可能性が大きい。他面、社会保障のほうも重大なピンチに見舞われる。これに必要な財政収入が増加しないからである。過密と公害を克服し、住みよく豊かな社会をつくるためには、工業の再配置、過密都市の再開発、道路、下水道など社会資本の充実、公害絶滅技術の早期開発などが必要である。これらに要する膨大な資金は、低い経済成長のもとでは捻出《ねんしゅつ》できない。したがって、適当に高い経済成長ができる体制を前提としない限り、日本経済が当面している多くの問題を解決することは困難である。

物価上昇を押える

「成長が低下すれば物価の上昇もとまる」という説がある。しかし、イギリスは経済成長率が実質で二・七％という低成長国であるにもかかわらず、消費者物価は年率四・一％もの早さで上昇している。またニクソン大統領は、物価上昇を押えるために経済引締め政策をとったが、結果は物価が下がらず失業者がふえただけであった。このためアメリカも、四十六年夏から成長政策に転換している。

たしかに物価上昇のひとつの原因として、成長率が高く需要が強いために起るデマンド・プル・インフレがある。しかし、わが国の物価上昇のおもな原因は、そのようなものではない。生産性の上昇がいちじるしい産業と、そうでない産業との賃金が同じように上昇するために起る、いわゆる生産性格差インフレが問題なのである。このことは、物価の上昇が農産物、中小企業製品、サービス業など生産性向上率の低い分野に集中していることからみても明らかである。

したがって、物価上昇を抑制するためには、第一に農業や中小企業、サービス業など低生産部門の近代化、合理化をすすめて、その生産性を向上させることである。第二は道路や鉄道などを整備し、流通機構の近代化を大胆にすすめて流通コストを引下げることである。第三に産業や人口の思い切った地方分散によって、物価に占める地価負担を軽減することである。こうした政策の総合的な展開によって、物価上昇を抑制する道がひらかれよう。

2　日本経済の未来像

昭和六十年は三百兆円経済

日本経済が四十五年度の国民総生産七十三兆円を基礎として、こんご仮りに年率一〇％の成長をつづけるとすれば、六十年度の国民総生産は三百四兆円＝一兆ドルとなる。これは巨大な可能性であるが、国民の英知と日本経済のエネルギーはこれだけの成長を達成する力を秘めている。

こんごの経済成長率については、いろいろな見方がある。仮りに年率五％とみると、六十年度の国民総生産は百五十二兆円（四十五年価格）、七・五％とみると二百十六兆円（同）、八・五％とみると二百四十八兆円（同）になる。新全国総合開発計画では、四十年価格をベースにした六十年度の国民総生産を百三十—百五十兆円とみているが、これを四十五年価格ベースに直して推算すると、二百兆円前後になる。これは七・五％の成長にほぼ相当する。

国民総生産が三百四兆円の場合、製造業の生産額は実質二百七十三兆円となり、工業はいまの四倍以上の規模となる。これにともなって工業用地の必要量は二十八万ヘクタール（四十四年度末十二万ヘクタール）となり、工業用水は補給水量ベースで日量九千三百七十万立方メートル（四十四年四千四百七十万立方メートル）となる。また貨物輸送量も、四十四年度の三千五百億トンキロから、一兆三千二百億トンキロとなり、四倍にふくれあがるだろう。

国民総生産（名目）と工業出荷額の推移

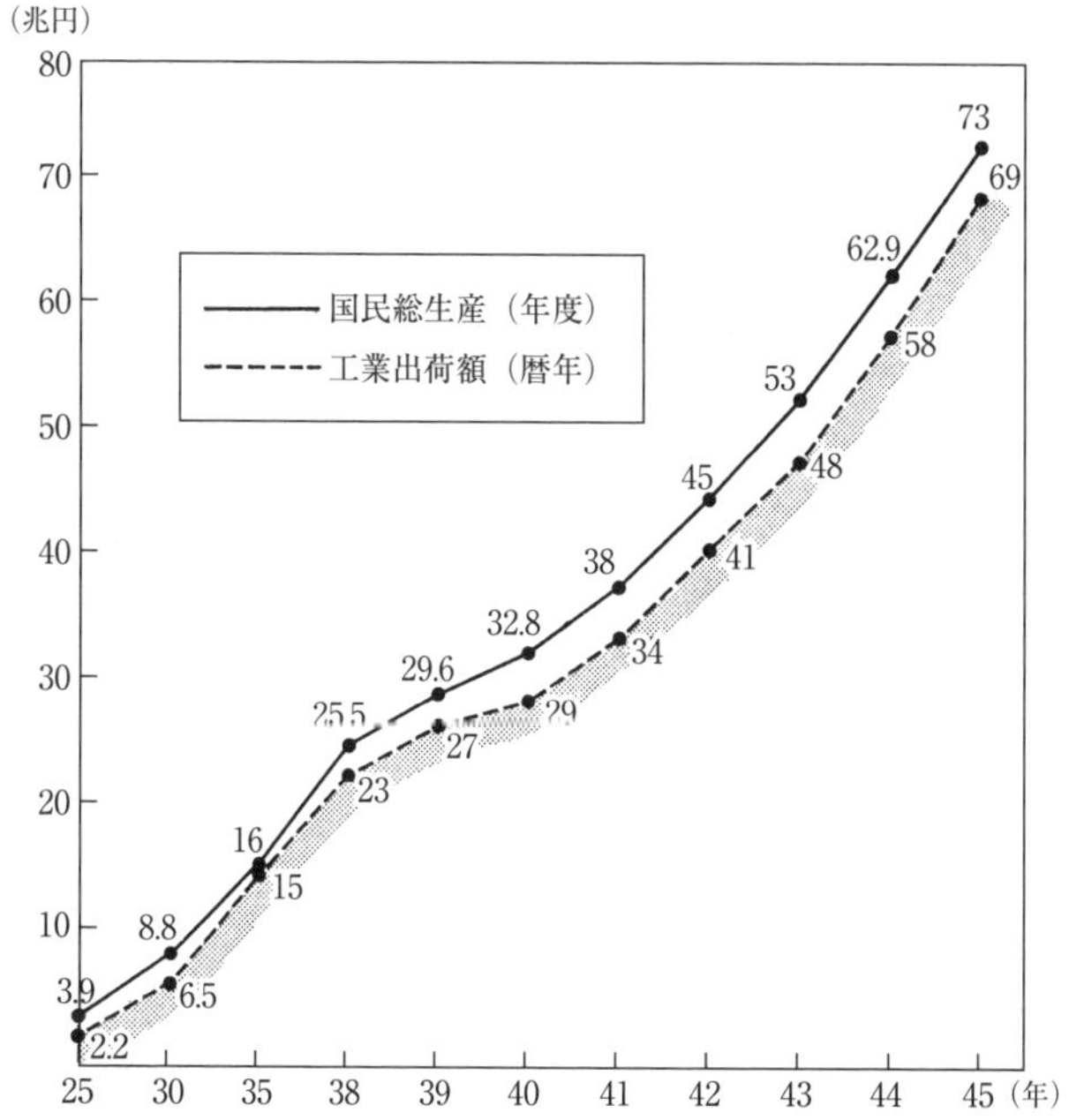

一方、国民所得は大幅に伸び、就業者一人あたりの年間所得は三百万円（四十五年価格）をかなり上回ると試算されている。

問題はアメリカの三十分の一にすぎない日本列島の四つの島に、いまのアメリカなみの経済をどうして上乗せするかということである。こうした日本経済の成長の可能性は〝両刃の剣〟であり、使い方によっては善ともなり、悪ともなる。このような富をなにに、どのようにして使うかが、私たちに与えられている選択だと思う。

産業構造は知識集約型へ

三十年代の産業構造政策は、もっぱら経済成長を目標としたため、重化学工業の振興に重点がおかれた。所得の伸びにともなう需要の拡大率（需要の所得弾力性）が高く、生産性の向上もいちじるしい重化学工業は、これまでの経済成長時代をつうじ、中核産業として経済全体を引っぱる歴史的な役割を果してきた。しかし、その半面で過密の激化と環境汚染を深刻にし、輸出入の面で国際的な摩擦を増大させていることもまた事実である。

そこでこんごの産業構造は、経済成長の視点に加えて、わが国を住みよく働きがいのある国にするという視点から選択されなければならない。つまり、こんごの日本経済をリードする産業は、在来の重化学工業ではなく、公害や自然破壊度がすくないかどうか（環境負荷基準）、国民が誇りと喜びをもってあたれる仕事かどうか（労働環境基準）、という尺度から選びだすことが必要である。

このようにみると、将来の産業構造の重心は、資源・エネルギーを過大に消費する重化学工業から、人間の知恵や知識をより多く使う産業＝知識集約型産業に移動させなくてはならない。知恵や知識を多用する産業は、生産量にくらべて資源エネルギーの消費が相対的に低いので、公害を引き起したり環境を破壊することもすくない。また、教育水準が高くなっている労働力にたいし、単純労働ではなく、知的にも満足できる職場を多く提供できるので、人びとが誇りと喜びを

知識集約度と資源集約度の関係

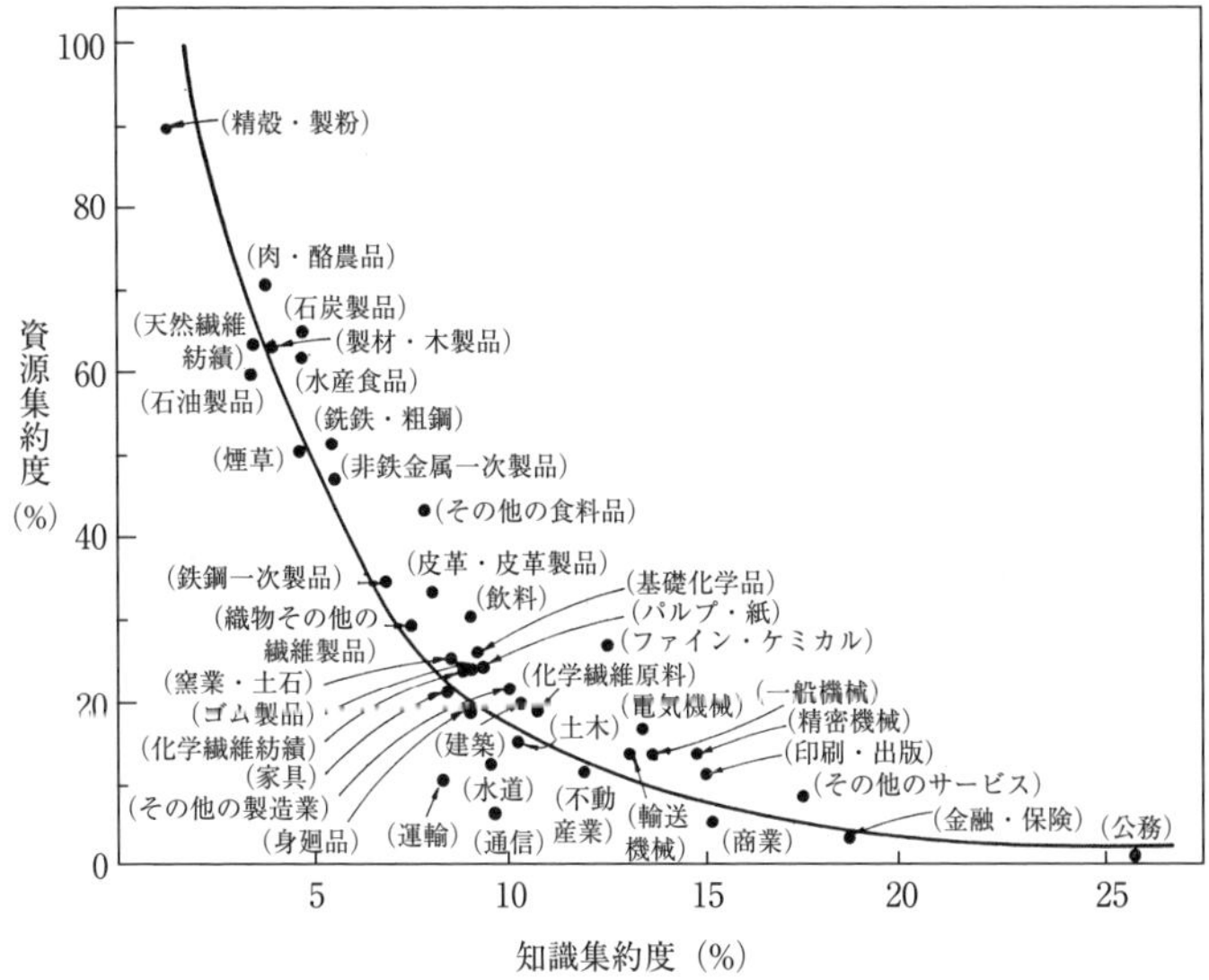

もって働くことも可能になるだろう。いいかえれば、知識集約型産業こそは、産業と環境との共存に役立ち、豊かな人間性を回復させるカギをもつものである。

それでは、知識集約型産業構造を形成するためにはどうするか。知識、技術、アイデアを多用する研究開発集約産業（電子計算機、航空機、電気自動車、産業ロボット、海洋開発）、高度組立産業（通信機械、事務機械、公害防止機器、教育機器など）、ファッション産業（高級衣類、家具、住宅用調度品）、それに知識、情報を生産し提供する知識産業（情報処理サービス、ビデオ産業、システム・エンジニ

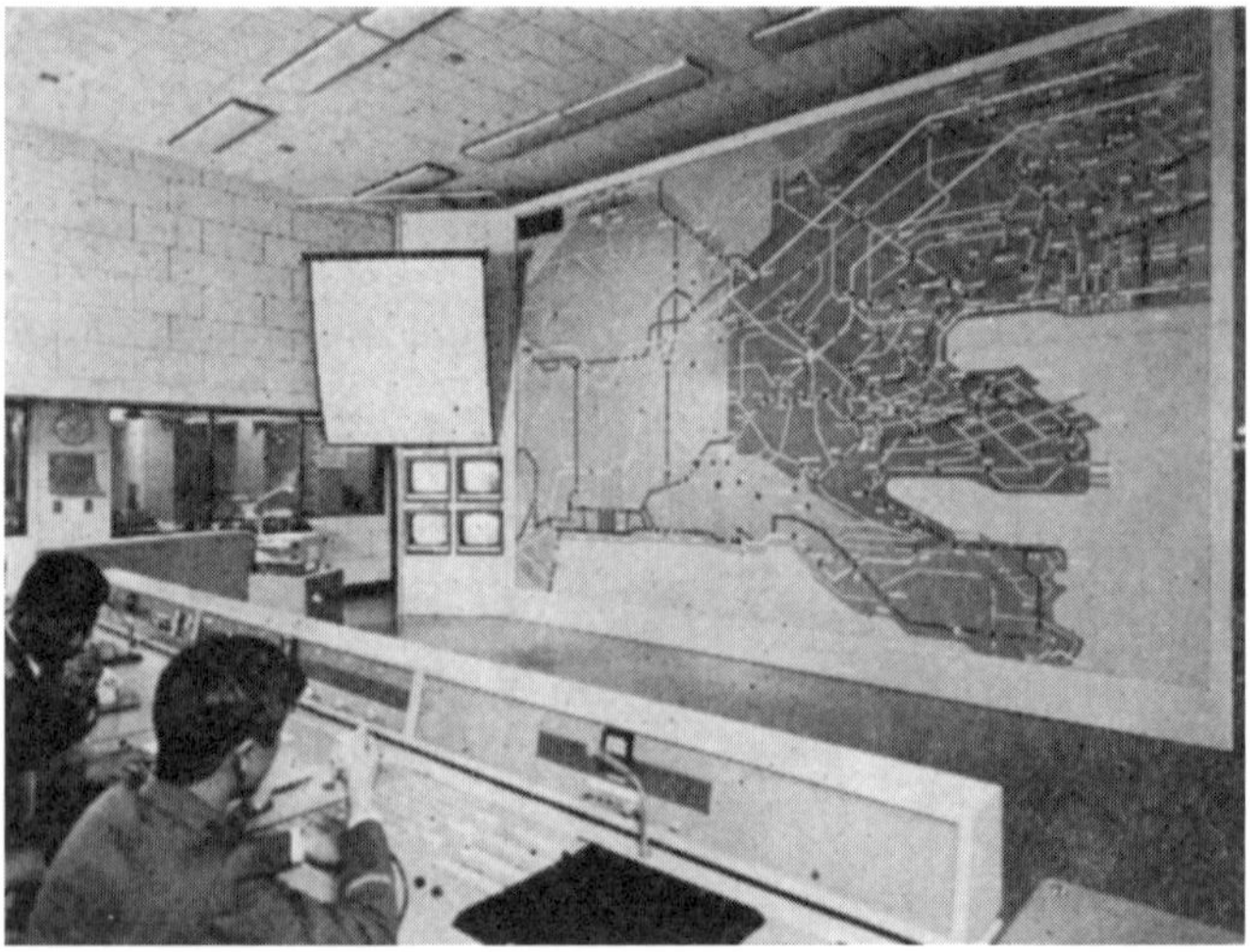

知識集約型産業の中核、コンピューターを利用した自動交通情報装置（神奈川県警交通情報センター）

アリング）などを発展させるとともに、一般産業の製品や工程について、その高度化をつうじて知識集約化をすすめていくことである。この方向を促進するためには、新しい時代の要求に適応する技術の開発や、人材の育成が急務である。知識集約型産業において知的活動のにない手である人の資質、能力が発展のカギをにぎっているからである。もちろん、新たに開花する産業群をつちかうものとしての素材産業やエネルギー産業の役割は軽視できないし、日本列島のなかに適正に配置していくことが大切であるが、経済全体を引張る役割は、知識集約型産業にバトンタッチされるわけである。

成長追求型から成長活用型へ

これまでの日本経済は、高度成長でえた経済力をまず設備投資にふり向け、ふたたび高度成長に突進するという「成長追求型」の経済運営を行なってきた。政府の政策も、経済成長の維持と拡大に重点をおき、企業も経営の規模拡大をおもな目標としてきた。その結果、国が国民総生産の伸びを誇れば、企業は業界内のシェア拡大を自慢するという具合であった。こうしたなかで、日本経済は世界有数の実力を持つにいたり、企業は規模と経営基盤を拡大し強化することに成功した。国民の所得もふえ、生活水準も向上した。戦後のわが国経済の歩みは、疑いもなく成功の歴史であった。

しかし、日本の内外の条件は根本的に変った。こんごは成長を追求するだけでなく、成長によって拡大した経済力を、国民の福祉や国家間の協調などに積極的に活用してゆくことが強く要請されている。私たちは、これまでの「成長追求型」の経済運営をやめて「成長活用型」の経済運営に切りかえるべき時を迎えているわけである。

高度成長時代をつうじ公害、インフレーション、都市の過密と農村の過疎、農業の停滞など多くのひずみ現象があらわれた。これらの問題を解決し、国民に住みよく、生きがいのある日本を提供するために、社会資本の充実、社会保障の大幅な水準引きあげを急がなくてはならない。たとえば教育である。わが国に大学の数は多いが、学生数にくらべて教育施設は不十分であり、教育環境も良好とはいえない。国の進歩を決めるのは結局、教育の質である。私たちは教育に思い切った投資をしなければならない。次の時代をになう青少年が快適な環境のもとで、自由闊達な教育を受けられるようにすることは、私たちの責務だからである。国民の健康も大事に守ることが必要である。無医村の解消や病院施設の拡充、とくに老人・成人病医療施設の重点的な設置が緊急に求められている。社会保障の水準も大胆に引きあげ、社会の急激な変化に適応できない身体障害者や老人、病弱者を国民すべての力で守るべきである。

このように成長した経済力を積極的に活用してゆくことによってのみ、国民生活の向上と社会福祉の充実をはかることができるし、同時に新しい好循環の経済成長を達成する道もひらけてくるのである。

福祉が成長を生む長期積極財政

日本経済の軌道を修正し、成長活用型の経済運営をすすめていくためには、政府の財政政策を根本から転換することが必要である。これまで日本の財政は、年度ごとの収支均衡を重視してきた。これは健全な財政思想ではあるが、わが国のような高成長経済の国では多くの無理が生じる。現在時点の日本経済の規模と能力に合わせた財政収入では、拡大する日本の経済社会に対応する十分な事業は実施できない。

たとえばいま、一つの事業が計画から完成までに七年かかるとしよう。年平均一〇%の経済成長を想定するならば、この七年間で日本経済の規模は二倍となる。したがって、計画のときに、その年の財政収入に見合った規模で査定し、事業をはじめると、事業完成時にはもう小さすぎるというケースが生じる。公共施設などは、もともと十五年先くらいを見越して建設すべき性質のものであるのに、このような財政均衡思想がある限り、需要に対応できる社会資本の整備はすまない。

これまでの日本経済では、財政があまり拡大すると景気過熱や国際収支悪化の危険があった。しかし、今日の日本は十分な供給力と大きな外貨準備を持っているので、その面の心配はない。したがって、こんごの財政運営は、単年度均衡の考え方から脱して、長期的な観点に立った財政の均衡を重視していくべきである。つまり、現在の世代の負担だけではなく、未来の世代の負担をも考慮した積極的な財政政策を打ちだすことが必要である。子どもや孫たちに借金を残したくないという考え方は、一見、親切そうにみえるが、結果はそうでない。生活関連の社会資本が十分に整備されないまま、次の世代に国土が引きつがれるならば、その生活や産業活動に大きな障害がでてくるのは目にみえている。美しく住みよい国土環境をつくるには、世代間の公平な負担こそが必要である。

このような積極財政は、社会資本の充実や教育、医療の改善、技術開発の促進につながるだけでなく、経済の高成長をうながす道にもなる。これは単に、公共投資の拡大や所得の再配分によって直接的に需要が増加するというだけでなく、それに付随する経済効果が大きいからである。たとえば、鉄道や道路の整備によって土地の供給がふえ、住宅建設がすすむ可能性がでてくる。社会保障が拡充されて人びとに老後の不安がなくなれば、増加する所得を使って豊かな消費生活が楽しめるようになる。また公害防止、住宅、交通、教育、医療などにたいする新技術の応用が盛んになれば、知識集約型産業の次の発展をうながすことにもなる。

このようにして、成長活用型の経済運営は「福祉が成長を生み、成長が福祉を約束する」という好循環をつくることができる。

3　世界のなかの日本

貿易立国は不変の国是

みるべき資源にとぼしく、せまい国土に一億を越す人口をかかえるわが国は、資源エネルギーなど原材料を輸入し、これに付加価値を加え製品として輸出するという貿易パターンをとっている。わが国が今日、アメリカやヨーロッパとならんで自由世界の高度経済圏の一角を形成するにいたったのも貿易を国是とし、通商立国の道を歩いてきたからである。こうした過程で国際貿易における日本の比重も急速に高まってきた。自由圏貿易の全輸出額に占めるわが国輸出のシェアは、四十五年で六・九％となっており、十年前にくらべて倍近くふえている。これはアメリカ、西ドイツに次ぐ世界第三位の規模である。わが国の貿易が、このように急速に成長してきたのは、国民自身の努力のたまものであるが、同時に自由、多角、無差別の国際経済体制が存在し、それが戦後日本にとって有利に作用したことも大きな理由のひとつである。

ところが、最近では世界各国のあいだに「日本経済の急成長は国際経済レースのスピード違反だ」という批判が高まってきた。またアメリカやヨーロッパの一部では、日本商品の急増にたいして輸入制限の動きが表面化してきている。私が心配するのは、世界貿易が拡大均衡でなく、縮小均衡の道をたどることである。

戦後のわが国はブレトンウッズ体制やガットなど既存の国際経済秩序へのひかえ目な参加者として、自国の経済体制をもっぱら既成秩序に適応させることに意を用いてきた。しかし、日本はいまやその一挙手一投足が国際社会に大きな影響力をおよぼす有力な経済国家である。いつまでも受動的な立場にとどまって、果すべき責任や義務の遂行を避けることはできない。最近の国際通貨、南北問題にみられるように、国際経済秩序はいま、苦痛に満ちた再編成の途上にある。日本はアメリカ、ヨーロッパなどと協力して、平和と国際協調をつくりだす新秩序形成のため積極的に行動しなければならない。

日本と各国とのあいだで、仮に部分的な利害の対立があるとしても、国際経済社会の発展と平和に寄与することを互いに基本目的としている限り、問題は話し合いで必ず解決できる。大切な

国際協調で世界平和を、47年サンクレメンテ会談で
（中央ニクソン大統領の左一人おいて佐藤首相、同右が著者）

のはそうした率直な話し合いができるような全体的な雰囲気を各国とのあいだにつねに保ちつづけることである。平和なくして日本は生きていけないし、巨大な日本経済は平和な国際環境のもとでのみ、はじめて発展することができる。その意味で、私たちは日本経済の高い成長がそのまま国際経済の発展に役立ち、日本の繁栄をそのまま世界の繁栄に拡大しうる体制をつくりあげることに力を傾けなければならない。

南北問題とわが国の役割

一九六〇年代において「南」の発展途上国は平均五・五％の経済成長をとげ、先進諸国の四・八％をリードした。しかし、この間においても「南」の人口が爆発的に増加したため、一人あたり所得の南北間の格差はかえって拡大した。また、一部の発展途上国の工業開発によってとり残された国々とのあいだに〝南のなかの南北問題〟が新たに生じている。四十六年から発足した「第二次国連開発の十年」のなかで発展途上国にたいする経済協力は、全世界共通の課題として取りあげられた。四十七年四月の国連貿易開発会議第三回総会（サンチアゴ）においては、七〇年代のなかばまでに先進各国が政府開発援助をGNP（国民総生産）の〇・七％まで達成すべきであると討議された。

いまや南北問題は共存に向かう東西問題に代って、二十世紀の残る三十年間のいちばん重要な課題として登場してきた。日本の新しい発展は「南」の経済的自立と国民生活の向上にどれだけ貢献できるかにかかっているといえよう。

わが国は「南」の発展途上国にたいし、四十五年において十八億二千万ドルの経済協力（対GNP比率〇・九三％）を行ない、うち政府開発援助は四億六千万ドル（対GNP比率〇・二三％）であった。五十五年には、この経済協力を七十五億ドル以上に拡大しなくてはならない。援助すべき対象が日本と関係のあるアジア、アフリカ、ラテン・アメリカ全域にわたることはいうまでもない。とくにアジア諸国にたいしては、自らの利益追求に傾きがちであった過去を深く反省し、ほんとうに相手に役立つ援助方式をきめこまかく誠実に実行することが必要である。少数の先進国だけで国際経済の問題を談合し、取決める時代はすぎた。日本は公正で合理的な国際分業の再編成を求める「南」の声に耳を傾け、多くの発展途上国と互恵平等、自他ともに繁栄できる道をさぐるため、国内の産業構造を高度化し、地域構造を改善して必要な国内改革をすすめ、成長する経済力を広く「南」の援助に向けるべきである。

IV

人と経済の流れを変える

日本列島改造の処方箋－1

工業再配置で描く新産業地図

1　過密と過疎の同時解決

工業テコに地方開発

日本列島を現在よりもっと豊かで、公害がすくなく、住みやすい国土に改造することは可能である。そのためには、産業も、人口も、文化も、すべてが大都市をめざして集まるという過度集中の流れを思い切って転換し、開発の重点を地方に移していかなければならない。

その場合、長期かつ総合的な計画にもとづいて社会資本を先行的に整備することがなによりも重要である。同時に、各地域の発展の可能性に応じて地方に工業を配置し、誘導することが有効である。工業は地域開発の起爆剤であり、主導力であるからだ。

しかし、単に地方に工業を導入するだけならば、これまでにも新産業都市、工業整備特別地区、産炭地域振興、農村工業化などの例があった。

私のいう工業再配置は、太平洋ベルト地帯への工業立地の流れをくいとめ、さらに超過密都市から地方に向けて工業を積極的に移転させるところに新しいねらいがある。いいかえれば、都市機能の一部である工業生産を東京、大阪などから追出し、これを全国的な視野に立って再配分す

内陸型工業団地（京都・長田野、中央に白く見える部分—京都府提供）

るわけである。この二次産業の地方分散を呼び水にして三次産業を各地域に誘導し、一次産業の高度化をはかるのが工業再配置の目的である。

したがって工業再配置は全国新幹線鉄道網の建設、高速自動車道などの道路整備、本四連絡架橋、全国的情報・通信ネットワークの形成、環境対策、大都市の再開発、地方都市づくり、日本農業の再建などを含む国土総合開発体系の一環であり、その中核的な政策である。

いま日本列島に生じている色々なひずみは、第二章で述べたとおり深刻である。これ以上の都市集中がつづけば大都市における土地、住宅、労働力、水の不足はいっそう深刻化し、公害や交通難もますますひどくなる。仮りに水や労働力が手にはいるとしても経済的なコストは非常に高いものになる。大都市だけを改造すれば、その便利さを求めて地方から

国土開発の総合政策

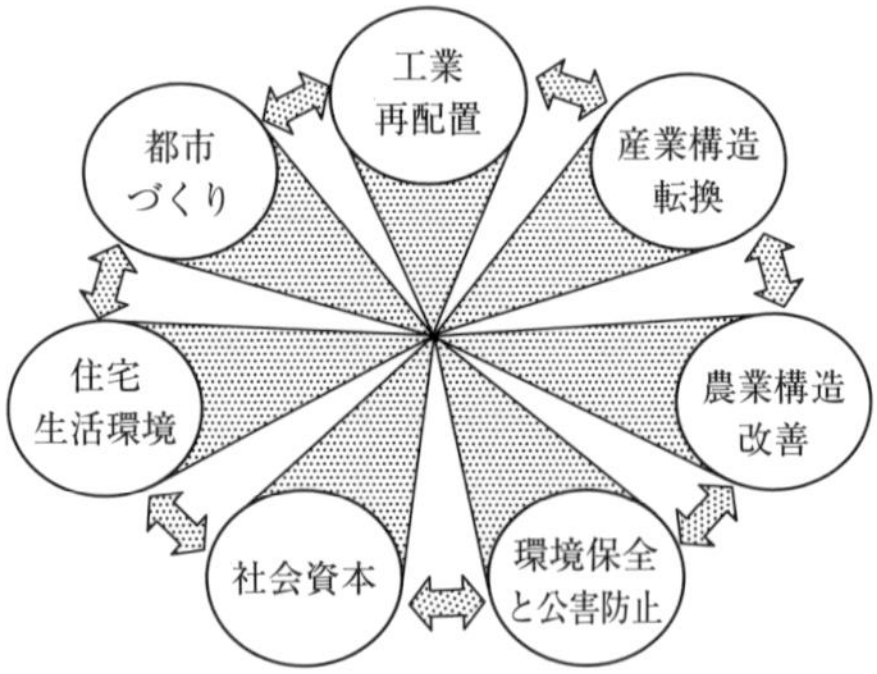

さらに人口が集まり、都市人口はとめどもなくふえつづけるだろう。しかも都市に集まる働き手は、若年労働者を除くと何人かの扶養家族を連れてくる。これらの人が都会に家を求め、社会生活を営むとなると、これにたいする国の財政支出もふえる。非生産面における財政支出が過大になれば、経済成長のためのエネルギーが失われ、日本経済の機能は低下し、国民生活の質の向上を妨げることになる。これを解決するには、都市改造と地方開発を同時にすすめて、過密と過疎の同時解消をはかり、高能率でバランスのとれた国土をつくりあげるほかはない。工業再配置はその有力なテコである。

開発の余地ある日本の国土

昭和六十年の日本が仮りに国民総生産三百兆円という時代を迎えるとしても、日本の国土はそれだけの超大型経済を受入れる余地を十分に持っている。総面積三十七万平方キロメートル（三千七百万ヘクタール）の日本列島は、現

工業用地の需要見通し　（単位：ヘクタール）

地域	44年実績 (A)	60年の需要量				45～60年の必要確保量	
		従来の立地性向を延長した場合（暫定試算）(B)	(B)/(A)	工業再配置目標（暫定試算）(C)	(C)/(A)	従来の立地性向を延長した場合（暫定試算）	工業再配置目標（暫定試算）
関東	33,168	85,000	2.56	46,400	1.40	51,832	13,232
東海	21,131	51,800	2.45	35,900	1.70	30,669	14,769
近畿	20,040	56,800	2.83	28,000	1.40	36,760	7,960
その他	47,403	89,500	1.89	172,800	3.65	42,097	125,397
全国	121,742	283,100	2.30	283,100	2.33	161,358	161,358

在ざっと区分して農地五百七十四万ヘクタール、宅地六十万ヘクタール、工業用地十二万ヘクタール、森林原野二千五百三十万ヘクタールなどから構成されている。昭和六十年度の工業出荷額を二百七十三兆円と仮定すれば、そのときの工業用地の必要面積はおよそ二十八万ヘクタールである。工場のまわりに緑地やレクリエーションのための運動場、公園をふんだんにとりいれても三十数万ヘクタールで足りる。これは国土総面積の一％程度にすぎない。政府部内には国土の二〇％から三〇％を環境保全地域にしたいという構想がある。具体的にどの地域を環境保全地域に選ぶかは別にして、日本列島は全体として美しい自然をもち、森林や農地を保全し、増大する宅地需要をまかないながら工業を発展させていくだけの潜在力を持っている。

わが国ではいま、東京、大阪、名古屋の各半径五十キロメートル圏を合わせて国土全体の一％に満たない地域に総人口の三二％が住んでいる。日本は可住面積がせまいといっても、これからの地方開発によって国民の住む地域はもっと広げることができる。水の問題については現在、河川利用率は一六％だが、三百兆円経済の時代になっても、利用率を二一％に引きあげれば需要にこたえられる。

労働力についてみると、日本では全就業人口に占める一次産業人口の割合が一七・四％と高い。これを工業再配置と総合農政の展開によって、昭和六十年までに七％程度に下げることができれば、八百万人前後の労働力を二、三次産業で活用することができる。

通産省と農林省は四十六年三月に農村地域工業導入促進法をつくった。こんどは、それをさらに一歩すすめて工業再配置促進法ができた。ここで工業再配置と総合農政がピタリとくっつくわけである。これらの政策の推進によって、農業から離れる余剰労働力は地元に定着し、地域の二、三次産業の分野に円滑に移っていけるようになる。この労働力は夫婦、親子がともに暮し、自分たちでたべる米や野菜をつくり、自分の家から職場に通える労働力である。「月給が半分でもいいから父さんが家にいてほしい」という出かせぎの悲劇は、このようにしてこそはじめてなくすことができる。

昭和六十年の日本の総人口は約一億二千万人に達し、いまの大勢のままますすめば、その八〇％以上が都市生活者になると想定される。しかし、これらの都市生活は必ずしも東京や大阪など既存の巨大都市に集まり住むことを意味しない。工業再配置をテコとする地方開発によって地方に職場をつくり、地方の所得水準を高め、公園、上下水道などの生活環境を整え、医療、文化、娯楽などのすぐれた社会環境を提供すれば、人びとの多くは必ず地方に定着するはずである。そのときはじめて大都市の秩序ある発展と、都市と農村がともに繁栄できる道がひらかれるだろう。このための先行投資は国民経済の将来から考えてみて、いちばんメリットの高い投資である。

2　産業地図を塗り変える

巨視的視点から格差是正

工業再配置は太平洋ベルト地帯とその他の地域との格差をなくしてしまおうという巨視的な構想に立つ政策である。全国新幹線、高速自動車道の建設などと呼応して、太平洋ベルト地帯の大都市とその周辺地域から遠隔地や裏日本へ向けて工業の大移動を行ない、これらの地域で新たに工業をおこそうというものである。この政策は昭和六十年度までに太平洋ベルト地帯の工業出荷額の比率を現在の七三％から五〇％に引下げることをめざしている。もっと具体的にいうと、首都圏既成市街地と近畿圏既成都市区域（中部圏の取扱いは未定）を工業の移転促進地域に定め、この超過密地域から工業を追出し、同地域の工業用地約二万ヘクタールを一万ヘクタール程度に半減させることを目標にしている。

一方、超過密地域から移転する工業や、これから新たに立地する工業の受入れ先として北海道、東北、北陸、山陰、四国、九州、沖縄の全域と、その他いくつかの県を誘導地域に設定している。

しかし、工業再配置をすすめるにあたっては、対象となる地方自治体や地域住民と中央政府とのあいだで、計画や実施の細目について十分な意見の交換を行ない、地元の納得のうえで事をすすめることが原則である。私はとくにこの点を強調しておきたい。七〇年代における産業政策の基本となる知識集約化は、産業の付加価値を高めることによって、脱公害、省力、省資源をめざすとともに、国土や環境にたいする負担を軽くすることが大きなねらいになっている。したがって、知識集約度の高い内陸型工業の立地をどう展開するかは、これからの産業立地政策にとって非常に重要な課題となる。同時に、これらの知識集約的産業を支える土台ともいうべき基幹資源型産業の役割も軽視できない。そこで工業再配置が描く日本の新産業地図は工業の型によって二つに色分けされる。

基幹資源型産業は北東、西南地域へ

まず、第一にあらゆる産業の使う素材を生産し、動力を供給する基幹資源型産業の立地である。その代表的なものは鉄鋼、非鉄金属、石油精製、石油化学、電力であり、これはおもに日本列島の北東地域と西南地域に配置するのが合理的だ。北東地域では苫小牧東部（北海道）、むつ小川原（青森県）、秋田湾（秋田県）など、西南地域では周防灘（山口、福岡、大分各県）、志布

大規模工業基地および工業団地候補地

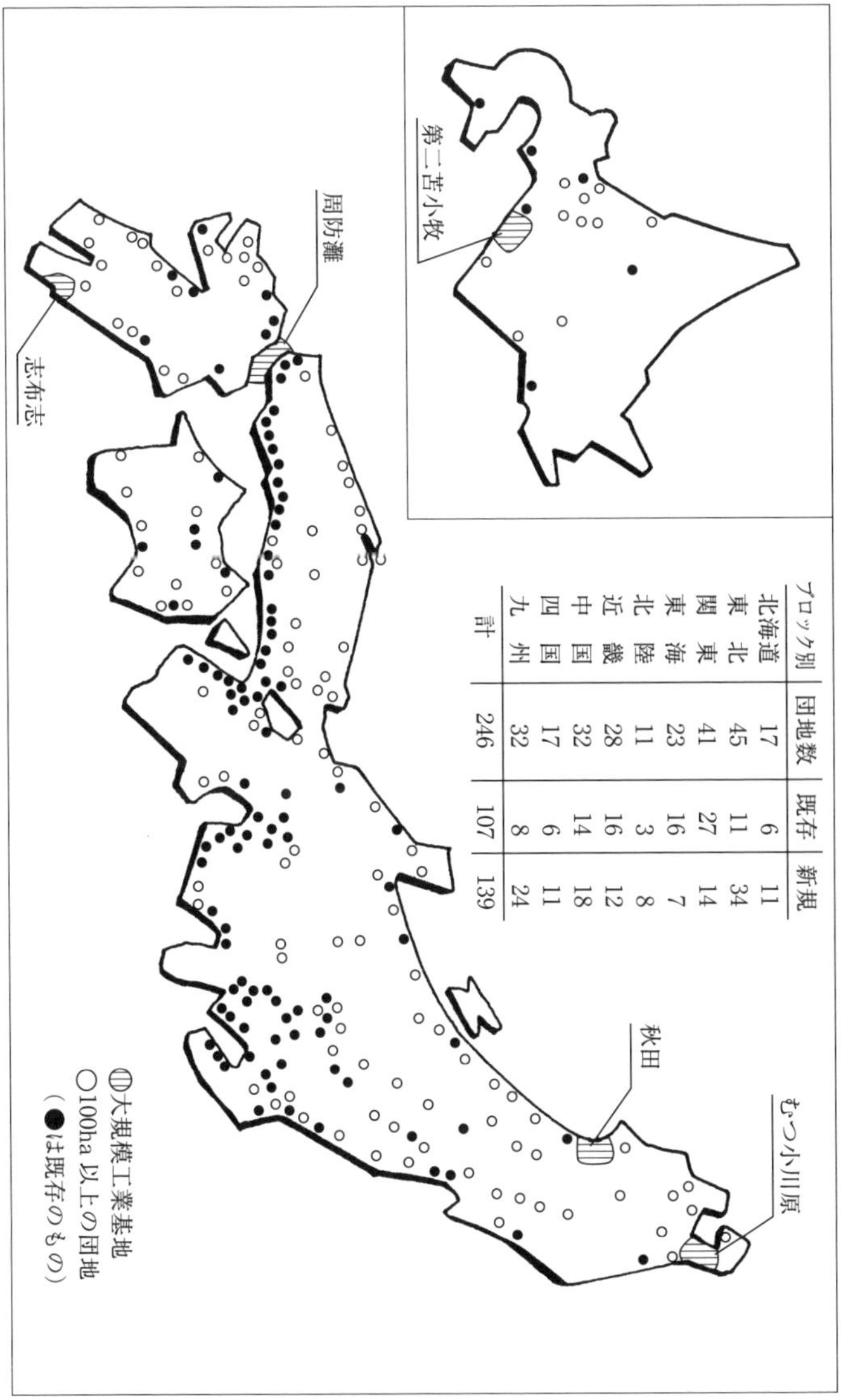

ブロック別	団地数	既存	新規
北海道	17	6	11
東　北	45	11	34
関　東	41	27	14
東　海	23	16	7
北　陸	11	3	8
近　畿	28	16	12
中　国	32	14	18
四　国	17	6	11
九　州	32	8	24
計	246	107	139

志湾（鹿児島県）などが大規模な工業基地づくりの有力な候補地である。

東京や大阪、名古屋から遠く離れた日本列島の北東地域や西南地域に基幹資源型産業の大規模基地を配置するのはなぜか。三百兆円経済の訪れを前提に試算すると、昭和六十年度における基幹産業の需要は粗鋼約二億トン、石油精製千五百万バーレル（年間七億五千万キロリットル）、石油化学（エチレン換算）千七百万トンに達すると想定されている。粗鋼は現在の二倍以上、石油精製は四倍、石油化学も四倍と、いずれも膨大な生産規模である。

しかし、鉄鋼業界が現有用地で設備の新増設を行ない、最終的に生産できる規模は、堅く見積って一億六千万トンにとどまる。だから六十年度の粗鋼需要を試算どおり約二億トンとすれば、残りの四千万トンは新しく立地する製鉄所で生産しなければならない。国内で生産をふやさずに海外から輸入すれば、新規の製鉄所建設は不必要だが、日本の鉄鋼価格は世界一安いので、わざわざ海外から高価な粗鋼を購入することは、現実問題として考えられない。

同様に石油精製業界が現有用地で最終的に処理できる原油量は八百万バーレル、石油化学業界が現有用地で最終的に生産できるのはエチレン換算で五百五十万トンだという。鉄鋼と違って石油製品と石油化学製品は現在でも需要の一部を輸入でまかなっている。したがって、昭和六十年度の輸入量をそれぞれ石油二百万バーレル、エチレン換算二百万トンにふやしたとしても、石油精製業界は六十年までに五百万バーレル、石油化学業界は九百五十万トン分の生産をそれぞれ現有地以外のところに求めざるをえない。しかも、公害、過密の深刻化を考えると、現有地で計画どおり設備の新増設が許されるかどうかも問題である。

大型化するコンビナート

基幹資源型産業は資本集約的な装置工業であって、絶えざる技術革新と規模の利益を求めて巨大化していく。その立地は鉄鋼―化学―電力、石油―石油化学―電力というような複合コンビナートの形をとって、原料から加工、製品まで一貫生産するのが常識である。昭和六十年ごろに稼働する大型製鉄所の粗鋼年産規模は二千万トン、精油所の原油処理能力は百万バーレル、石油化学のエチレンセンターは二百万トンの規模に達する見込みである。これを単位にして一応の計算をすると、鉄鋼業界は六十年度までに大型製鉄所二カ所、石油精製業界は大型精油所五カ所、石油化学業界は大型エチレンセンター五カ所の新規立地が必要になる勘定だ。しかも、これらが組み合わされて複合コンビナートを形成するのだから、広大な用地が必要になる。

そして、なによりも重要なのは、これからのコンビナートは公害調整、環境保全、災害防止など現場で働く人びとや地元で暮す人びとの安全と福祉を最優先に考えて、単に生産のためだけではなく、ゆとりのある用地のなかで十分に空間をとったレイアウトをしなければならないことである。そうなるとコンビナートの用地規模はますます広がらざるをえない。苫小牧東部、むつ小川原など大規模工業基地が鹿島臨海工業地帯（工業用地のみで三千三百ヘクタール）よりも大規模なものとなるのは当然である。また、海外で買付けた原油、鉄鉱石、ボーキサイドなどを大型タンカーや鉱石専用船でコンビナートに運ぶためには三十メートルないし四十メートルの水深をもち、大量の原燃料を陸揚げできる港湾を必要とする。

さらに、これらの産業は膨大な量の水を使うので、海水を含めて多量の用水を確保できる地域でなければ立地できない。ちなみに現在、わが国の工業用水の七割は鉄鋼、化学、紙・パルプの三業種で使っている。粗鋼年産五百万トン（製鉄所としては中規模）の用水量は人口七百六十万人の大阪府全体の家庭用水量に匹敵するという。そうしてみると、基幹資源型産業の大規模基地の立地個所は自然の条件によって自ずとしぼられてくる。

東京湾、大阪湾には五十万トンタンカーははいれない。それどころか過密による環境破壊や、公害の深刻化がもはや大都市周辺の立地を許さなくなっている。大規模工業基地の建設できるところは港湾や用水の確保が可能で、地価の比較的安い北東地域と西南地域しか残されていないのである。

現に東京湾内・富津（千葉県）の石油コンビナート計画は地元の反対で困難になっており、他の地域に移さざるをえないであろう。これは、大規模工業基地が、こんご増加する基幹産業の生産を引受けるだけではなく、大都市周辺で増設する予定だったコンビナートや既存工場の移転分の肩替りまで引受けなければならないことを意味している。長い目で見れば東京、大阪などの既存工業地帯をスクラップし、遠隔地でビルトするというわけだ。その意味で大規模工業基地への期待は大きい。

大規模工業基地よりは小型だが、やはり日本列島の臨海地域に設置しなければならないのは、海上輸送、工業用水の大量使用と関係の深い造船、重機械、食品、木材関連工業などのコンビナートである。その多くは流通加工型の中規模コンビナートであって、用地規模は千ヘクタールから千五百ヘクタール前後である。橘湾（徳島県）、宿毛湾（高知県）、有明（佐賀、福岡、熊本県）、八代（熊本県）、中海（鳥取、島根県）、福井新港（福井県）、新潟東港（新潟県）、酒田新港（山形県）、函館湾（北海道）、石狩新港（北海道）、北関東新港（茨城県）、中南勢（三重県）、中城湾、金武湾（沖縄県）などがこうした中規模臨海工業基地の候補地である。

内陸型工業は農村地域へ

一方、新産業地図をいろどるもう一つの流れは、内陸型工業の農村地域への展開である。機械工業、エレクトロニクスの大部分、それに医療機器、住宅機器などのシステム産業の多くは内陸型工業である。臨海型の装置工業にくらべると、労働集約的であって用水量はすくなく、付加価値生産性が高い。輸送も鉄道、自動車ですみ大規模な港湾はいらない。その生産物をあげると、カラーテレビ、テープレコーダー、ステレオ、通信機、コンピューター、電卓、事務器、交通信号保安装置、火災報知装置、公害防止装置、自動車、オートバイ、耕うん機、田植機、コンバイン、乾燥機、エレベーター、エスカレーター、クレーン、コンベア、工作機械、プラスチック加工機械、食品加工機械、木工機械、建築用金属製品、暖房装置、電気照明器具、工業計器、精密測定器、時計、カメラ、レンズ、おもちゃ、運動具など広い範囲にわたっている。

わが国の産業構造が重化学工業化してきた過程、つまり昭和三十年代から四十年代初期までの工業立地といえば、ほとんど臨海立地を意味していた。新産業都市十五カ所（道央、八戸、仙台湾、秋田湾、常磐郡山、新潟、松本諏訪、富山高岡、中海、岡山県南、徳島、東予、大分、日向延岡、不知火有明大牟田）のうち松本諏訪を除く十四カ所、工業整備特別地域六カ所（鹿島、東駿河湾、東三河、播磨、備後、周南）の全部が臨海地域、ないしは臨海部とつながる地域であることをみても明らかだ。ところが最近一、二年のあいだに内陸型工業立地にたいする評価は大きく変わった。不況の影響を集中的に受けて基幹産業の多くの設備投資が停滞していることも、その理由のひとつである。しかし、それよりも内陸型工業の多くは知識集約的であって、産業構造の高度化のなかで高成長をつづける可能性を持つ分野であり、その立地が国土開発に果す役割は大きい、という新しい評価が与えられたのである。

昭和六十年度を展望すると、工業出荷額に占める基幹資源型臨海工業の比重は二〇％程度に低下し、内陸型工業の比重が八〇％程度に増大するという推計がある。

四十六年に成立した農村地域工業導入促進法によると、全国の三千二百四十八市町村のうち大都市周辺、新産業都市、人口規模の大きい市などを除く二千五百九十六市町村を農村地域と定め、この地域に五十年度の工業出荷額で九兆円規模の工業を新しく導入するという目標を打ちだしている。このために必要な工業用地はおよそ一万五千ヘクタール、雇用される労働力は約百万人であり、このうち約六十万人は農業従事者から連れてくる予定になっている。

工業の側からみれば、大都市圏は地価が高く、労働力が足りない。三・三平方メートルあたり十万円も二十万円もする都会に工場を新増設してもあまり採算はとれない。大都市圏の平均賃金は他の地域にくらべて三〇％から四〇％も高い。しかも求人倍率は一・六倍から二・七倍に達し、必要な労働力の半分しか確保できない。それに、大都市圏の工場では、住みよい環境と生きがいのある仕事を求めて〝工場サバク〟から離れようとする従業員がふえてきた。もともと大都市圏の土地利用は、計画的に行なわれてきたとはいえない。農地法による農地転用制限がきびしく、転用の許可もおもに農業だけの都合によるもので、計画的な都市づくりとは関係が薄かった。工業ももっぱら土地の買いやすいところに進出したので、大都市周辺では、いわゆるスプロール化が起った。そのうちに都市はどんどん広がり、はじめは田んぼの真中にあった工場のまわりに住宅が押し寄せ、住宅が工場を取りかこんだ。そして工場の騒音や振動、悪臭に苦情がでるようになり、夜間の操業は中止するしかなくなってきた。「住宅はあとから建ったのに」と工場側が既得権を主張しても通用しにくい世の中である。

一方、農業の側からみると、減反によって生じる余剰労働力の雇用機会を確保し、所得の低下を防がなければならない。日本経済の国際化に対応して外国の農業に負けない高能率、高生産性の日本農業をつくりあげる必要も生じてきた。そこで農村地域へ内陸型工業を導入する「農工一体化」が大きく浮かびあがってくるわけだ。

臨海型大規模工業基地の場合には、立地条件としてなにより重要なのは広大な土地であり、豊富な水であり、大型の港湾である。これにたいして内陸型工業は、道路、鉄道などの輸送力、住宅、商店、遊び場、学校、病院などの都市機能、それに労働力の三つをおもな立地条件として全国に分散、配置することができる。地方都市づくり、高速自動車道、全国新幹線の建設、空港の整備などと関連させてそれぞれの地方が内陸型工業をどのように受入れるかは、これからの地域開発の成否を決める重要なカギといえる。加工や組立製品の多い内陸型工業では、輸送手段のなかでもトラック、トレーラー、コンテナー車など自動車輸送の占める割合が大きくなるのは当然である。したがって、内陸型工業の立地では道路の果す役割が決定的に大きい。

農村工業化の二つのタイプ

農村工業化は具体的には二つのタイプですすむことになるだろう。その一つは広い地域につながる拠点開発である。これは、ある程度の都市機能の集積を持つ地域に工業団地をつくり、まとめた形で工場を配置するいき方である。もう一つは、個々の工場が農村に立地するタイプで、いわば一村一工場といったすすみ方である。過渡的には一村一工場方式も現実的であるが、長期的な地域開発の発展を考えると拠点開発方式を中心にしなければならない。その場合、高速自動車道のインターチェンジ周辺に一定の経済圏、通勤圏を持つ地方都市を整備し、その一角に内陸型工業団地を建設することが考えられる。こうしてつくる地方都市の規模は、人口二十五万人程度が適当であろう。既存の都市機能の集積をベースに高速自動車道の建設計画をあてはめると、津山（岡山県）、新見（岡山県）、横手（秋田県）、酒田・鶴岡（山形県）、三条・長岡（新潟県）、武生（福井県）、福知山（京都府）、都城（宮崎県）などを内陸型工業都市に育てあげるという構想が浮かびあがってくる。しかし、この構想を現実にすすめる場合、これら地方都市の伝統や社会的、地理的な条件に応じて適当な業種を選択し、地場産業との調和をはかる必要があることはいうまでもない。

基幹資源型産業を日本列島の北東、西南臨海地域に、高付加価値産業を内陸農村地域にそれぞれ配置したとき、全体として日本の産業の流れはどうなるだろうか。わが国ではこれまで首都、近畿、中部の大都市圏で素材を生産し、加工し、消費し、同時に全国に分配してきた。しかし、工業再配置ができたあとでは遠隔地の大規模臨海工業基地で素材を生産し、内陸で加工し、全国の消費地に配分するという形になる。それとともに全国新幹線、高速自動車道の働きは地方の人間を大都市に吸いあげる求心力から大都市の人間を地方に運ぶ遠心力へと転換する。

豪雪地、寒冷地こそ工業化を

ところで工業の地方分散については気象条件を理由にした根強い反論がある。「裏日本や東北、北海道などの寒冷地や豪雪地は工業化に適さない」というのである。しかし、世界地図を一ページひらいただけで、この議論が誤りであることはすぐわかる。世界百四十カ国のうちソ連を含む先進工業国十一カ国は日本よりも北にある。北緯四十度から五十度が世界の工業地帯である。北緯四十度は秋田県の八郎潟であり、北緯五十度は日本列島の北端をはるかに越えてサハリンの中央部にあたる。欧州大陸で有名な重工業地帯のザール、ルール地方はほぼ北緯五十度、イギリスのマンチェスター、リバプールは北緯五十二、三度線上に位置している。世界の先進国は国土の南部を農業にあて北部を工業化している。南部は日照時間が長く、温暖、肥沃で農業に適し、北部は日照時間が短く、冬のあいだは雪や氷が地表をおおうが工業化にはさして支障がないからだ。アメリカの重化学工業は五大湖の周辺に集まっている。シカゴ、デトロイト、ピッツバーグ、ロチェスターなどの工業都市がその近くにある。これにたいしてアメリカ南部は伝統的に農業地域である。北部の近代的工業と南部の保守的農業の利害の対立がやがて南北戦争につながったことはいまさらアメリカ史をひもとくまでもない。

これにたいして日本では温暖な地域を工業に使い寒冷地を農業に使ってきたが、これをいつまでも守りつづける必要はない。ある意味では日本列島の約半分を占める豪雪単作地帯こそ工業化

世界のおもな工業地域

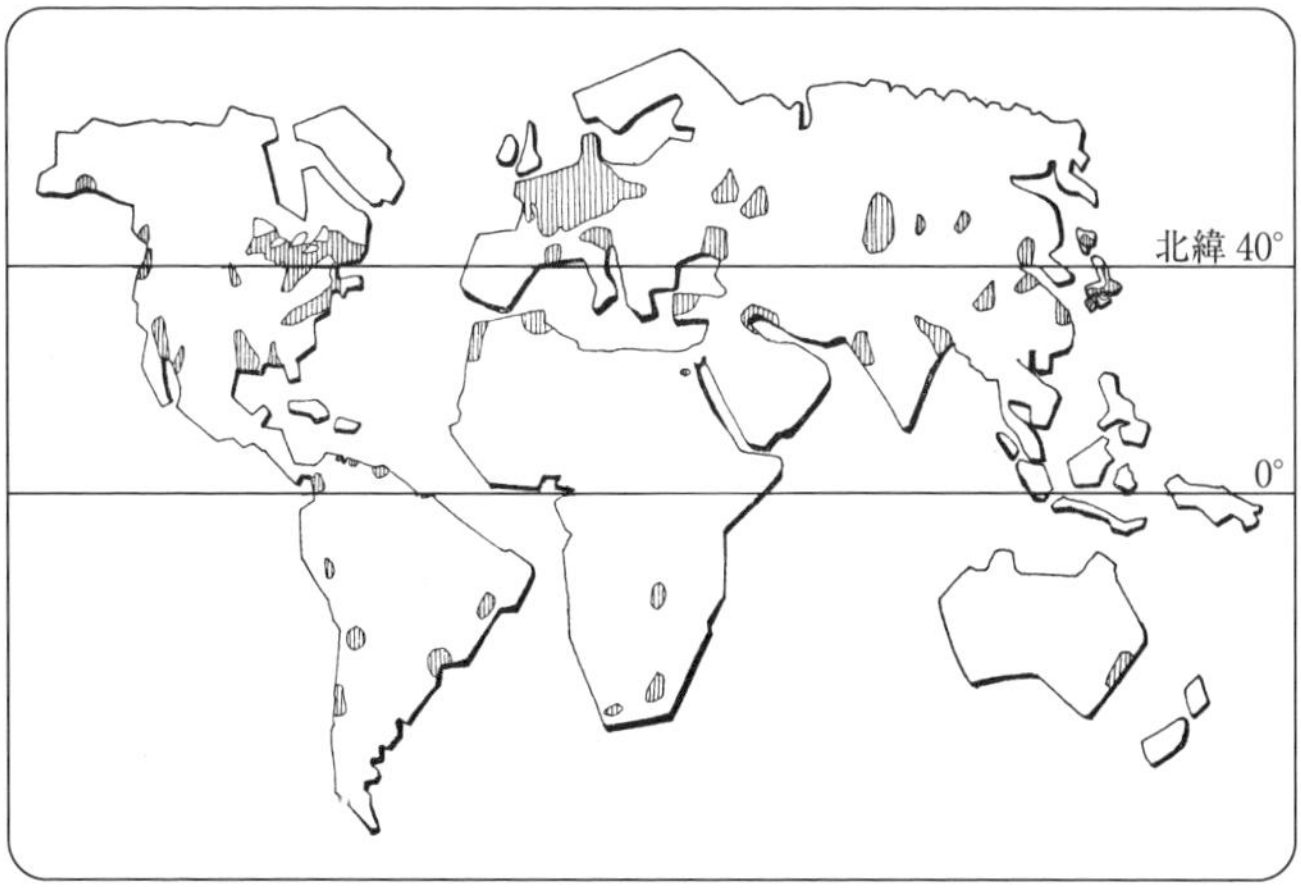

に適しているといえる。雪は天然のダムであり、水は豊かで、土地は広く、すぐれた潜在労働力を擁しているからだ。さらに西シベリアのチュメニ油田、サハリンの天然ガスと油田、ウドガンの銅鉱山など日ソ協力によるシベリア開発が軌道に乗ってくれば裏日本や北海道の工業立地はいっそう有利になる。かつて青森県下北半島のむつ製鉄所計画が不調に終ったとき、私は関係者に対して「いま用地を手放せば、あとでふたたび高い買物をすることになる」といったことがある。そのごの進展は私の予見が正しかったことを示した。このさい私は改めて日本海時代、北海道時代の到来を予言しておきたい。こうした前提に立って、おもな地域別の開発可能性をチェックしてみると、工業の地方分散のメドが立つ。関東の工業出荷額は現在、全

地域別工業出荷額　（単位：10億円、%）

地域	45年実績見込み	シェア（%）	60年 従来の立地性向を延長した場合（暫定試算）	シェア（%）	工業再配置目標（暫定試算）	シェア（%）
北海道	1,512	2.2	3,450	1.3	15,850	5.8
東　北	3,174	4.6	8,670	3.2	36,350	13.3
関　東	25,155	36.4	120,030	43.9	68,060	24.9
東　海	11,488	16.6	38,370	14.0	37,440	13.7
北　陸	1,665	2.4	5,000	1.8	10,670	3.9
近　畿	15,719	22.8	65,410	23.9	39,630	14.5
中　国	5,100	7.4	15,850	5.8	22,410	8.2
四　国	1,772	2.6	6,450	2.4	11,750	4.3
九　州	3,475	5.0	10,090	3.7	31,160	11.4
全　国	69,060	100.0	273,320	100.0	273,320	100.0

国の三六・四%である。これまでどおりの立地動向を延長していけば、昭和六十年度には四三・九%と全国の半分に近づくが、工業再配置の目標が達成されれば二四・九%に落着くことになる。同様に近畿では二二・八%から二三・九%にアップするところを一四・五%に比重が下がる。

東北では現在、全国比四・六%の工業出荷額しかない。そのまま放っておけば三・二%にまで低下するが、工業再配置によって一三・三%まで引きあげることができる。北海道では現在の二・二%が五・八%に、九州では現在の五・〇%が一一・四%にそれぞれ引きあげることが可能である。この間、工業出荷額の絶対額は四倍に増加するので、絶対値でみると北海道や東北は現在の十倍以上にふえる。

3　無公害工業基地

環境制御の仕組みを確立

住民の生活環境を破壊せず、自然を注意深く保全しない限り、こんごの新しい地域開発は前進できない。工業の公害問題をどう解決するかはコンビナートの建設だけではなく、企業の存亡にもつながる重大なテーマとなってきている。数年前までは地方の工業開発のネックはおもに地価問題であった。ところが最近では、「開発とは破壊である」「産業の発展はごめんだ」という声が高まっている。私もそうした声は大いに理由のあることだと思う。しかし、その議論は開発のデメリットを強調するあまり、しばしば開発のメリットを見落すことが多い。また「開発か保全か」「産業か国民生活か」という直線的な議論に飛躍しがちである。

しかし、私たちの生活は二者択一で割切れるほど単純なものではない。早い話が電力である。いまでも電力はほとんど供給余力がない。そのうえ大気がよごれるからといって、電源開発をすべてストップすれば私たちの生活はいったいどうなるだろうか。これからは生産に使う電力よりも照明、テレビ、冷蔵庫、クーラー、暖房など家庭で使う電力の伸びが大きくなる。学校、保育所、病院、地下鉄、新幹線などの公共施設や流通、情報など国民生活に欠かすことのできない部門で消費する電力の量はもっと大きくなる。自然をそのままの姿で保全するために停電をがまんするかといえば、現実にそうはいかない。昔から「都合の悪いものは隣村へ持っていく」という話がある。悪臭の出るゴミ焼却場を自分の市や町や村につくられては迷惑だが、隣りの市町村に建てるのならかまわないというわけだ。しかし、これでは問題の本質的な解決にはならない。住民の生活環境や自然を守りながら開発をすすめることが必要である。私は日本人の英知や科学技術の進歩を有効に使えば地域開発と公害克服の両立は可能だと思う。工業の地方分散は決して公害の地方分散を意味するものではなく、また、そうさせてはならない。

一般的にいえば、生命の源である空気や水をよごす物質の発生量はなんといっても基幹資源型産業に多い。公害を克服して地域住民が安心して住める〝きれいなコンビナート〟をつくるためには、まず工業基地全体の基本計画を作成する段階で、公害の防止、環境との調和を徹底的に研究し、その仕組み（システム）を基本計画に組入れることである。

戦後、重化学工業基地の建設に一時代を画した四日市コンビナートは、旧海軍燃料廠の跡地に企業が集まって自然発生的に形成された。それは生産工程からみれば高度に計画的であったが、環境との調和という角度からみれば無計画なものであったといえる。その結果、大気汚染が深刻化して住民の健康をむしばみ、「四日市ゼンソク」として大きな社会問題になった。

前車のくつがえるは後車のいましめという。私たちは、こうした公害病の悲劇を繰返してはならない。あらかじめ計画的に公害防止を考え、その仕組みに合わせた工業基地を建設すれば、稼働後に発生する公害は、これまでのコンビナートにくらべてはるかにすくなくすることができる。公害病患者もださなくてすむはずだ。そのためには、自然の浄化能力や工場の汚染物質発生量を予測し、さらに現在と将来の公害防止技術で除去できる限界、コストとの関係を計算し、総合的な環境制御の仕組みをつくらなければならない。

水中の有機物は、ごく少量であれば動物性プランクトンが食べて無機化する。その無機物を、こんどは植物性プランクトンが吸収して光合成で酸素を放出する。これが自然の浄化作用の一例である。しかし、自然の浄化能力は無限ではない。工場の煙突を高くしたり、排水のときに汚染物質を薄めれば、あとは自然がきれいにして返してくれるというわけではない。煙突を高くすれば工場の煙は広い範囲に広がって、拡散の効果はあるが、自然の浄化能力を越えれば、結局、大気中に含まれる亜硫酸ガスや窒素酸化物の量はふえる。排水のときに大量の水を使って汚染物質を薄めれば希釈効果はあるが、自浄能力を越えた分は長いあいだに蓄積される。水中の有機物の蓄積が増加すると酸素がなくなり魚が棲めなくなる。それに食物連鎖による公害が起る危険がでてくる。水中で汚染されたプランクトンを貝や小魚が食べ、それを大きな魚がエサにする。大きな魚を人間が獲って食べる。これを繰り返すうちに人間の体内に有害物質が蓄積されて公害病が起るのである。

濃度規制から総排出量規制へ

したがって、大規模工業基地を建設するうえで第一に必要なのは、自然の浄化能力の範囲内に汚染物質の排出量を押えなければならないということである。汚染物質を薄めさえすれば、いくらだしてもいいという濃度規制では不十分である。規制を一歩すすめて汚染物質の発生の絶対量を押える総排出量規制にまで持っていかなければ公害問題は解決できない。大規模工業基地をつくるまえに、候補地の汚染物の総排出量規制基準を科学的に作成し、その規制基準を守れるように大規模工業基地を設計することが必要である。

通産省はこれまでにも公害防止総合事前調査を行ない、公害防止のためにチェックすべき要因を予測し、対策をたてるという考え方をとってきた。これは工業地帯の季節ごとの風向きや風速、気象の変化を調べ、大気の拡散能力を測定し、公害を防ぐために必要な煙突の高さをはじきだし、使用する重油の成分を調整する。臨海地域であれば潮流、水位、波浪、水深などから排出物がどのように海中で薄まっていくかを測定し、それにもとづいて排出場所を定め、排出濃度を加減するという方式である。

しかし、こんごはさらに公害防止技術や経済コストなども織込んで工業基地と環境とを総合的かつ広域的に調和させる仕組みを確立しなければならない。たとえば原油に含まれている硫黄分を直接脱硫方式で取除くとすると、現在の技術水準では重油中の硫黄分を〇・七％ぐらいにまで減らすことができる。日本が輸入している原油の硫黄含有率は二％台のものが多いが、直接脱硫によって硫黄分を〇・七％に引下げるコストはトンあたり約千百円から二千四百円だという。また、ガス化脱硫方式を使えば重油の硫黄分を〇・〇五％にまで引下げることが可能だが、トンあたり二千円から三千円のコストがかかるといわれている。したがって、大規模工業基地の計画段階であらかじめ亜硫酸ガスの発生量や大気中の拡散範囲、自然の浄化能力、脱硫コストを総合的にとらえ、精油所の規模を百万バーレルに拡大するか、それとも五十万バーレルにとどめるかを検討することである。自然の浄化能力は変わらないとしても、脱硫技術は進歩しコストは下がるので、工業基地の用地さえ確保しておけば、はじめ五十万バーレルで稼働し、そのごに百万バーレルにまで拡大することはできる。

技術開発と緑地帯の活用

事前に設定した総排出量規制基準にあわせるためにも工業基地に参加する企業には積極的に公害防止装置をつけさせる。亜硫酸ガスの除去対策としては、発生源の性質に応じて直接脱硫、間接脱硫、排煙脱硫、ガス化脱硫などの各方式の採用を義務づける。窒素酸化物対策としては、二段燃焼法、再循環ガス混入法を、煤煙対策としては、高性能集塵装置をつけさせる。排水処理では、前処理、油分分離、中和、沈澱、活性汚泥処理など第一次、第二次処理のほか、これからは凝集沈殿、アンモニア除去、活性炭吸着、砂濾過《ろか》などの第三次処理についても有効で適切な方法を使わせることになる。亜硫酸ガス公害をなくすには、低硫黄原油、ナフサ、液化天然ガス（LNG）など硫黄酸化物のすくない燃料を選択することも大切である。さらに排出物を外部にださずに生産プロセスのなかで、回収、再生処理するクローズドシステムの開発も急がなければならない。

公害対策としてとくに強調しておきたいのは、豊かな空間と緑地帯の活用である。工業基地のなかの工場と工場とのあいだ、また、工業基地と住宅とのあいだをできるだけ広くとり、自然林や人工林を使って緑地帯を設ける。これは自然の浄化力を取りいれ、複合汚染の防止や従業員の憩いに役立つばかりではなく、地震や火災など不時の災害に備えて人命の安全を保つ意味からも欠かすことのできない工業基地の条件である。

工業基地の建設にさいしては、規制を守ると約束した企業にだけ立地を認め、地方自治体とのあいだに厳格な公害防止協定を締結させる。稼働後は測定器やデータ通信などとコンピューターを組合わせた公害監視、警報装置を設置してつねに監視する。そして公害病患者を一人もださないようにしたい。

このような環境と調和の保たれた工業基地は、ある程度コストが高くなるが、そのコストは原則として公害発生源である企業が負担すべきものである。公害病患者がでたときの企業のイメージダウンや補償を考えれば、公害防止につぎ込むカネは決して高すぎるはずはない。OECD理事会も公害コストの発生者負担の原則（ＰＰＰ原則）を確認している。

これからの電源立地

通産省の推計によると、六十年度の電力需要をまかなうためには発電能力を二億三千六百万キロワットと四十六年末にくらべ三・五倍以上に引きあげなくてはならない。このうち火力発電が半分、原子力発電が三割を占める見込みである。しかし、電力会社が現有地で拡張したり、計画地点で発電所を新設することは地元の反対でなかなかむずかしくなってきている。

そのため、これからの電源立地の方向としては、大規模工業基地などに大容量発電所を集中的につくり、大規模エネルギー基地の性格を合わせて持たせるようにしたい。電源開発株式会社を中心にいくつかの電力会社が参加し、火力発電所や原子力発電所を共同で建設し、そこで生みだされる電力を大規模工業基地で使う。同時に、基幹的な超高圧送電網をつくって消費地に広く配分し、融通する方向も考えたい。このほか過疎地域の電力料金を安くして産業や人口の誘導に役立てるとか、地方税である電気ガス税を国税にして、地域開発の角度から全国的に配分すべきだという意見もある。過密地域の工場やビルでは電気ガス税の税率を高くし、過疎地域では税金を免除し、それによる市町村財政の減収分は交付金で補てんする仕組みだ。これからの検討課題の一つだと思う。

こうした大規模エネルギー基地を含めて、地元の抵抗がなく電源立地を円滑にすすめるにはどうしたらいいだろうか。

新しい火力発電所や原子力発電所の建設に地元の反対が強いのは、まず、大気汚染や放射能の危険を心配するからである。冷却に使った水をすてるときに河川や海水の温度があがり、ノリや魚がとれなくなるという漁民の反対もある。殺風景な発電所ができては美しい自然の景色が破壊されるという主張もある。もともと発電所は従業員がすくなくてすむので、地元の雇用をふやすにはあまり役に立たない。そのうえ発電した電力は、ほとんど大都市へ送電される。結局、地元はうるものがすくなくて、公害だけが残るというのが地域住民のいい分である。

そこで、まず、第一に考えたいのは、公害の徹底的な除去と安全の確保である。具体的には、集塵装置はもちろん重油脱硫、排煙脱硫、ガス化脱硫など脱硫技術の開発や利用をすすめ、冷却水の排水温度も規制することである。原子力発電所の放射能問題については海外の実例や安全審査委員会の審査結果にもとづいて危険がないことを住民が理解し、納得してもらう努力をしなければならない。しかし、公害をなくすというだけでは消極的である。地域社会の福祉に貢献し、地域住民から喜んで受入れられるような福祉型発電所づくりを考えなければならない。たとえば、温排水を逆に利用して地域の集中冷暖房に使ったり、農作物や草花の温室栽培、または養殖漁業に役立てる。豪雪地帯では道路につもった雪をとかすのに活用する。

さらに発電所をつくる場合は、住民も利用できる道路や港、集会所などを整備する。地域社会の所得の機会をふやすために発電所と工業団地をセットにして立地するなどの方法もあろう。次項で述べるインダストリアル・パークと同様の立地手法でエネルギー・パークづくりも考えたい。急がばまわれである。

4　インダストリアル・パーク

美しく快適な環境を提供する工業団地

これからの内陸型工業団地は、本格的なインダストリアル・パークにしていきたい。緑の並木道、噴水のある芝生の広場、工場の建物は整然とつくられ、色も明るく落着いて工業団地全体が公園を思わせる外観。団地内の一角には食堂、談話室や娯楽室をもつクラブ、ガソリンスタンド、理容店、郵便局の支所、医院などを設ける団地もできるだろう。水泳プール、バレーコートなどをつくり、地元の人びととのスポーツ交流によって工業を地域社会に組込んでいくことも可能である。

工場は生産の場である。パークといっても金沢の兼六園や水戸の偕楽園ができるわけではない。しかし、地域開発の主導力となり、地方都市の形成の核となる内陸型工業団地は、なりふりかまわぬ生産施設だけの〝工場サバク〟ではなく、地域に調和し、人びとが気持よく働ける環境を提供するという考え方で計画し、建設すべきである。

自然林を生かした単独立地型のインダストリアル・パーク

空前の経済成長を達成した工業国・日本には、東南アジアをはじめ世界各国の人びとが工業の視察に訪れ、五井や鹿島、水島の臨海工業地帯を見て、その巨大さに目をみはる。ところが、内陸型工業団地はどうかというと、まだまだ見るべきものがすくないといっている。

わが国には、内陸型工業団地はいくつもある。住宅公団、県市町村、公社などが中小企業団地を含めて多くの工業団地をつくってきた。しかし、内陸型工業立地全体からみると、団地にはいった企業はほんのわずかである。大部分の工場は、都市近郊の農地を蚕食してできたものであり、住宅や商店と無秩序に混在している。これまでの内陸型工業立地の多くは、企業が買いやすい土地を買い、工場を自分勝手に建ててきたからである。住宅地、商店街、緑地、農地などの配置を含めた地域開発としての計画性、先行性にとぼしかった。計画的につくられた工業団地にしても、どちらかといえば、製造業だけが一カ所に集まったという感じのものが多い。魅力ある町づくりに一役買うどころか、結果的には環境のぶちこわし役にまわっているものすら見受けられる。それでは新しい内陸型工業発展の道はひらけない。

アジアの発展途上国のなかには、旧宗主国のすぐれた都市づくりの手法を受けつぎ、発展させている例がいくつかある。工業地帯をつくるときにも、まず舗装道路や下水道をつくり、ついで土地造成を手がけ、住宅やサービスの機能をつけて、きれいにまとめている。シンガポールではジュロン工業地帯の後背地に関連都市施設はもちろん動物園や植物園までつくっている。日本の新産業都市、工業整備特別地域に動物園、植物園の建設計画がはいっていた例はない。日本では住宅団地やニュータウンをつくっても交通手段の整備が後手にまわり、〝陸の孤島〟といわれる不便をかこつ例もあるが、インドネシアのジャカルタ市郊外では日本よりも立派なニュータウンが完成している。

しかし、最近のわが国では、工場の建て方も、工業団地のつくり方も一昔前にくらべると変わってきた。神奈川県の相模原や厚木のように、自らインダストリアル・パークと称するものもあらわれてきている。厚木の工業団地は殺風景なブロック塀を避けて、芝生の見える金網のフェンスを採用し、標識も統一している。東海道線の車窓から見えるいくつかの工場でも芝生を広くとっている。旧陸軍演習場跡につくった京都府福知山市の長田野工業団地は面積四百ヘクタールだが、中央に自然池のある公園を持ち、工業団地と住宅団地を分け、学校やサービス施設も設置している。神戸市の西神ニュータウンもインダストリアル・パークをめざしたものだ。しかし、欧米に見られるような本格的なインダストリアル・パークはまだまだである。

標準タイプのインダストリアル・パーク

インダストリアル・パークには広い空間が必要である。この空間をとるためにまず、団地にはいる工場の建ぺい率、容積率を特別に規制する。建ぺい率は五〇％以下に定め、建物の高さ、外観もなるべく規格化し、統一する。欧米では建ぺい率二〇％、工場の高さは原則として一階、事務所は二階までという規制の例もある。建物どうしの密接を避けるため、建築線は敷地境界から一定距離、後退させる。道路からすくなくとも数メートルは芝生にする。乗用車の駐車場と貨物の積みおろし場所やトラック、トレーラーの回転敷地は、それぞれ別に規定を設けて広くとる。団地内の広告や建物の色は許可制にする。悪臭、粉塵、煤煙、騒音などには厳重な防除施設をつけさせる。これらの規制は条例でも入居者の自主的規制でもよい。用地の転換、再売却、生産方法の転換などについては、団地造成者が売買契約書で規制することもできる。

インダストリアル・パークができあがったあとでは、管理の問題が重要である。せっかく高い投資をしてつくっても維持や運営がうまくいかなければなんにもならない。建物、緑地、道路の維持、補修をはじめ清掃、廃棄物の共同処理など管理内容は広範囲にわたる。普通、各国で採用されているのは参加企業やデベロッパーで構成するインダストリアル・パーク運営委員会で管理するというやり方である。実際には委員会の下に共同出資のサービス会社をつくり、管理業務にあたらせるケースが多い。

工業は成長する。しかし、インダストリアル・パークでは建ぺい率が低目に押えられており、工場の拡張には制限がつきまとう。そのためにインダストリアル・パークに立地する企業は、将来の工場拡張のために、ある程度の余分な用地をあらかじめ確保しておく必要がある。また、急ピッチの拡張が見込まれる工場では、工業団地ではなく単独立地が適する場合もある。しかし単独立地の場合でもインダストリアル・パークの立地手法は取りいれるべきである。

内陸型工業団地についていえば、私は標準タイプで二百あるいは三百ヘクタール程度の規模をメドにしている。人口十万人から十五万人程度の中核都市の周辺に人口数万人の小都市を配置し、これらの小都市のまわりにインダストリアル・パークをつくる。そして全体を人口二十五万人程度の新しい地方都市に育てることが私の目標である。

5　動きだす工業再配置計画

工業の地方分散をすすめる具体的な政策は、四十七年十月一日から本格的に動きだす。私は、そのため六十八国会に、「工業再配置促進法案」と「産炭地域振興事業団を工業再配置・産炭地域振興公団に改組するための法律案」を提出し、四十七年度予算、財投計画、税制改正で必要な措置をとった。工業再配置促進法には現在、すでに過密なので工業を追出す必要のある「移転促進地域」と、工業を持ってきて地域開発をすすめる「誘導地域」という二つの概念を取りいれている。「移転促進地域」は首都圏既成市街地、近畿圏既成都市区域（中部圏の取扱いは未定）であり、「誘導地域」には北海道、東北、北陸、山陰、四国、九州と沖縄の全域およびその他の若干の県、それらにつながる市町村といった広い範囲をとっている。

工場移転へ五つの助成策

まず、「移転促進地域」から「誘導地域」へ工場が移転する場合のおもな助成策は、融資、補助金、税制を合わせて五つある。

第一は、移転工場の跡地にたいする融資および買いあげである。工場が移転先の用地を入手して建物をつくり、設備を入れて、現有工場を売りはらうまで二、三年はかかる。その場合、跡地の売却代金が最大の自己資金源になるのが普通である。しかし企業が工場の移転を決意した時点で跡地が果して売れるかどうかは経営者自身にも見きわめがつかないことが多い。そうかといって跡地を他の工場に売却されたのでは、過密地帯からの工場分散の効果はない。そこで移転を決意した時点から跡地が売れるまでのあいだ、他の工場には売らないという条件つきで工業再配置・産炭地域振興公団が跡地を担保に融資し、売れたときに一括返済してもらうことにしている。一件あたりの総額には限度をつけないが、跡地の評価額の八〇％を限度とし、金利は年六・五％の低利、融資期間は原則として三年程度にした。日本開発銀行の地域開発融資、地方分散融資などとの併用も認める。売れなかったときには、公団自身が跡地を時価で買取り、緑地や公園などの公共用地向けに優先的に売却する仕組みである。住宅団地、流通施設などにも都市環境に支障のない範囲で再売却することにしている。

第二は、跡地融資とは別にいよいよ工場引越しのときには工場の撤去費、運搬費などの運転資金を、一企業あたり一億五千万円を限度に金利七％、期間三年以内の条件で公団が貸す。

第三は、移転する工場および移転先の市町村にたいし、移転先工場の床面積一平方メートルあたりそれぞれ五千円の補助金を国がだす。この補助金は緑地帯、公園、公害監視施設、託児所、運動場、体育館など、工場と地域社会の融和に役立つ施設の建設費にあててもらうためである。

第四は、移転促進地域内の移転工場の建物や設備の加速償却である。工場を移転するときには、移転先に持っていけない建物や装置はスクラップにするか、スクラップ同様の値段で売却するしかない。その場合、耐用年度が長期間残っていれば、多額の償却損失がでる。そこで通産大臣か事業所管大臣が企業の提出する移転計画を認定すれば、移転決定のときの簿価を取得価格とみなして移転完了時までに法人税法の認める残存価額の限度いっぱいまで償却してもいいという制度である。この制度は特恵関税の供与やドルショックにともなう中小企業の事業転換のさいにも適用しているが、こんどは工場の移転を促すために大企業にも適用することにした。

第五は、移転先で市町村が固定資産税を減免した場合には、三年間、減収額の一〇〇%を地方交付税で補てんする。

工場受入れには三つの助成策

次に、「誘導地域」で工場の新、増設を行なう場合は、これまでの地域開発立法による助成策がそのまま適用されるが、それに加えて三つの助成策を講じる。

第一は、一定の範囲の工場の新、増設にたいして、工場床面積一平方メートルあたり五千円を国が地元市町村に交付し、環境保全施設、福祉施設の建設費の補助金にあててもらう。つまり、国は「誘導地域」の市町村が「移転促進地域」から移転する工場を受入れたときにも、また「移転促進地域」と関係のない工場の新設や増設を受入れたときにも、環境保全、福祉施設の建設補助金はだすというわけである。

第二は、地方公共団体または開発公社が造成する工業団地については、金利負担が六・五%になるよう国が利子補給する。

第三は、工業再配置・産炭地域振興公団が地方公共団体の要請にもとづいて地域開発の起爆力となるような地域に、工業団地や住宅団地を造成して分譲する。

工場追出し税の実現を期す

これらの促進対策の裏付け予算は一般会計、財投計画を合わせ、四十七年度分で百五十億円を確保した。工業再配置促進対策は四十七年十月からスタートするので、実際には半年分であり、平年度ベースになおすと三百億円である。しかし、この予算規模は急ピッチで拡大し、六十年度には年間二兆円か三兆円まで大幅にふやしたい。これだけ大規模な予算財源を確保するためには特別会計をつくる必要がある。私ははじめ法人税の付加分（一・七五％）が四十七年三月に廃止になることを前提にして、過密地域の工場の所得に改めて同率の税金、いわゆる〝工場追出し税〟をかけて、それを特別会計の財源にあてることを考えていた。これは法人税付加税が二年間、延長、存続となったので四十七年度の実施は見送った。

しかし〝工場追出し税〟は過密の解消に有効であり、四十八年度以降、ぜひとも実現させ、これをもとに工業再配置特別会計をつくりたい。同時に「誘導地域」市町村の固定資産税の減免にたいする地方交付税による補てん期間も、地方交付税とは別の補てん措置を考えるなどの方法により、三年以内ではなく、もっと長期間、たとえば二十五年間やれるようにしたい。

〝工場追出し税〟を国税とするか地方税とするかは議論のあるところだが、これは国税でなければならない。東京都や大阪府が地元から〝工場追出し税〟をとって、そのまま地元で使ったのでは全国的な地域格差の解消にはつながらないからである。過密都市から徴収して地方誘導に使うところに分散効果があるのである。それは過密に悩む大都市にとっても決して損なことではない。

工業再配置を支える交通ネットワーク

1　一兆三千二百億トンキロをどうさばく

工業の再配置や地方都市づくりをすすめるためには、交通網や情報網の先行的な整備が欠かせない条件である。人、物、情報の早く、確実で、便利で、快適な大量移動ができなければ、生産機能や人口の地方分散はできないからである。地方都市や農村の多くは、産業に必要な労働力、土地、水を持っているが、大都市にくらべて、長年にわたって蓄積された社会資本にとぼしい。そこで鉄道、道路をはじめとする産業や生活の基盤をつくり、地方における産業立地の不利をおぎなうことが必要である。

効率的な輸送手段があれば、工場と市場との距離は大きな障害とはならない。現に関西で生産された家庭電器製品が、関東で地元の製品と競合しながら販売量をふやしている。また関東で生産された自動車が、中部圏や中国で地元の製品と立派に太刀打ちをしている。

その意味で、産業や人口の地方分散の障害となるのは、人びとの心理的な距離感であり、情報伝達の落差である。しかし、航空網の整備、全国新幹線、高速自動車道の建設、情報ネットワークの形成によって地域間の時間距離が縮まれば、それも解消する。

現在、東京から青森を訪れるには、普通すくなくとも一泊は必要だが、新幹線ができれば日帰りもできる。過密化した羽田空港の代りに成田に国際空港をつくっても東京〜成田間の時間距離を短縮すれば、だれも不便とは思わない。

「都市政策大綱」では、基幹交通や通信体系の整備について次のような方向を明らかにしている。それは①表日本と裏日本を縦横につらぬく全国新幹線鉄道を建設する、②日本列島の四つの島をトンネルあるいは長大橋で結ぶ幹線自動車道路網を計画的に建設する、③空の交通量の増大、航空機の超音速化、大型化に対応する国際空港を建設する、④貿易量増大に対応するために広域外航港湾を拡張し、新国際貿易港を建設する、⑤鉄道、自動車、海運、航空の各機能に応じて、輸送物資、距離別の社会的経済コストの研究にもとづき、全国交通計画を策定する、⑥情報革命時代に対応してコンピューターの機能を駆使し、基幹通信体系を整備して産業および生活の効率化をはかる、というものである。

時間距離の短縮という角度からみると、日本列島の主要地域を一日行動圏にすることが第一の目標である。ついで東京、名古屋、大阪などおもな都市相互間の所要時間を一時間圏に組入れる。第三に東北、北陸などの全国各地区をいまの一県以内の距離感に圧縮するということである。

すでに太平洋ベルト地帯では新幹線鉄道と高速自動車道の建設によって一日行動圏が百キロ

貨物輸送の本命—コンテナー基地

メートルから五百キロメートル以上に拡大した。行動圏が五倍になったことは、人間の活動範囲が十倍にも十五倍にも拡大したことを意味している。

私たちの行動半径の拡大は、生産を上昇させるだけでなく、消費、情報伝達、レクリエーションを含めて人間のあらゆる活動の範囲を広げ、社会の機能を拡大させる。

大量輸送時代の総合交通体系

総合的な交通体系を立案し、実施する場合は、時間距離の短縮とともに、大量輸送能力とコストの問題が重要である。仮りに六十年度の三百兆円時代を前提とすれば、全国新幹線鉄道九千キロメートル以上、高速自動車道一万キロメートル、石油パイプライン七千五百キロメートルを建設するとともに、内航港湾の整備、在来鉄道の複線電化、近距離通勤網の拡充をしなければ、増大する輸送需要に追いつけない。貨物輸送を例にとってみよう。六十年に予想される貨物輸送量は低く見積っても一兆三千二百億トンキロであり、四十四年度にくらべて四・二倍の規模である。トンキロというのは、輸送の仕事量を表わす単位で、一トンの貨物を十キロメートル動かすと十トンキロである。十トンの貨物を一キロメートル輸送しても十トンキロである。この一兆三千二百億トンキロの貨物輸送量を処理するためには、現在、全国貨物輸送量シェアで四二%を占める内航海運に全輸送量の半分、五〇%を分担してもらうことにする。そうすれば陸上輸送は残りの六千六百億トンキロを処理しなければならない。ところが、現在の鉄道の輸送能力は最大限にみて六百億トンキロにすぎない。したがって、鉄道の貨物輸送能力を飛躍的に増強しなければ、残る六千億トンキロの貨物輸送はすべて道路に依存しなければならないことになる。そのためには実に二千七百万台のトラックが必要になる。

もし二千七百万台のトラックが日本中の道路を毎日、いっせいに走ることになれば、道路整備の長期計画が達成されたとしても、全国の道路はほとんどマヒ状態になるだろう。また、現在程度の混雑度で車を走らせた場合、トラックの大群のために乗用車の三分の二は走行を規制しなければならなくなる。トラックも乗用車も走らせれば二千二百五十億トンキロが運べないで滞貨となる。そこで、トラックで運びきれない貨物輸送量を鉄道に切替えるには、いまの鉄道の貨物輸

国内貨物輸送距離帯別シェアの推移（トン）

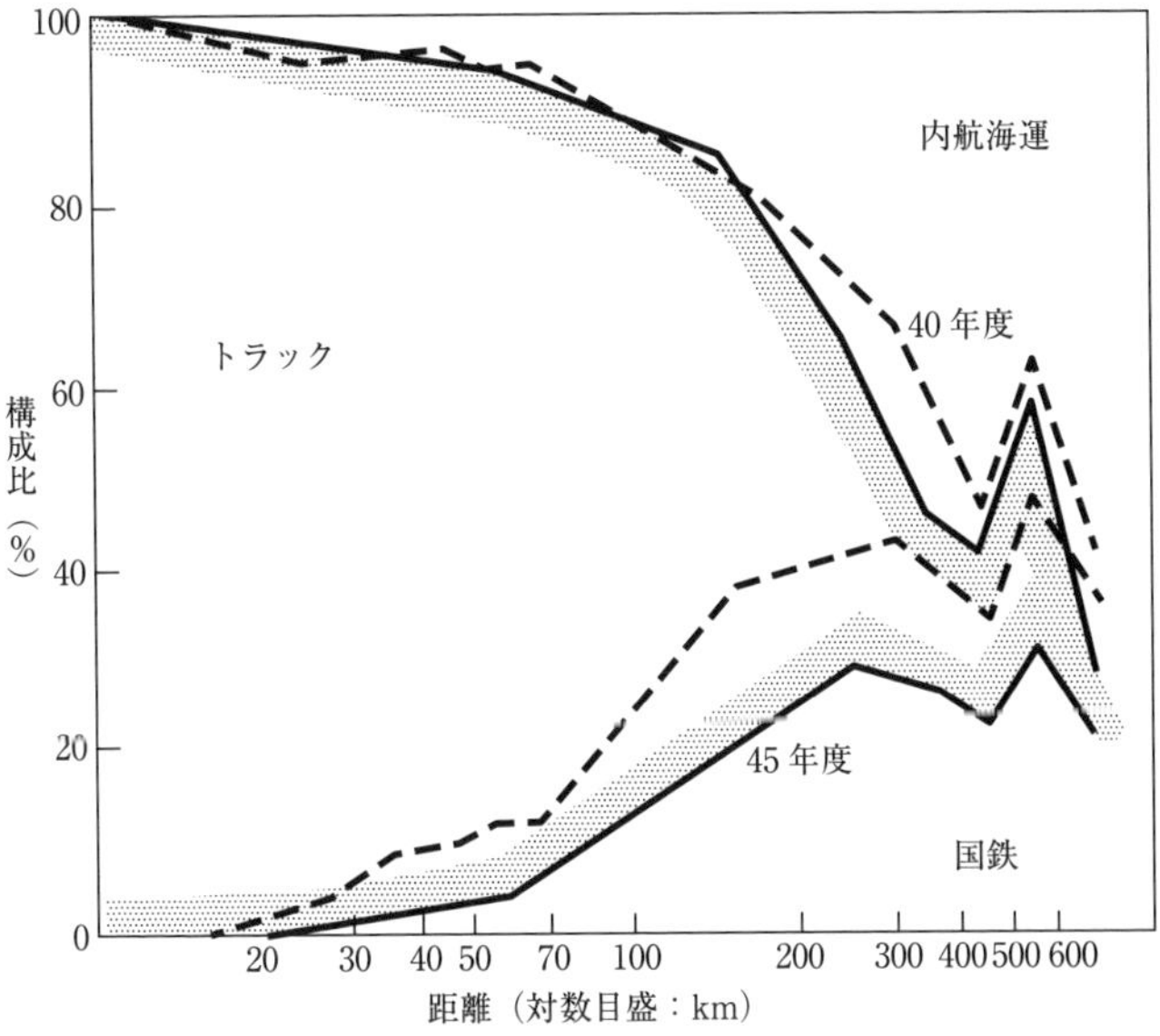

（注）「陸運統計要覧」「内航船舶輸送統計年報」（いずれも運輸省）から作成

送能力を四・六倍に拡大しなければならない。そのためには、まず全国新幹線鉄道を九千キロメートル以上建設し、これによって浮いた在来線の旅客輸送力を貨物に切替える必要がある。そうすれば鉄道の貨物輸送力は三倍に増加する。また、在来線の主要線区の複線電化、複々線化、駅間距離の整備によって貨物輸送力をさらに一・五倍にアップすることができる。その結果、鉄道の貨物輸送力はいまにくらべて四・五倍にふえ、トラックと合わせてほぼ六千六百億トンキロの輸送量をさばける計算が成り立つ。

しかし、問題はそれだけではすまない。鉄道と道路を合わせて、それだけの貨物輸送を消化する能力ができたとしても、その流れ、量、労働力を調整しなければ、輸送はゆきづまってしまう。そのため鉄道やトラックが協調して、それぞれの機能が発揮できるように交通機関別のおもな担当分野を定める必要がでてくる。労働力の問題からいえば、まず二千七百万台のトラックを動かすだけの運転者を確保することはできない。試算によると、六十年度の労働人口は現在の一・二倍にしかふえず、営業用トラックの運転者は六十六万人にとどまり、自家用トラック運転者の両方を合わせて百二十二万人を確保するのがせいいっぱいだという。

この前提に立つと、六十年度のトラック輸送量は一千四百六十億トンキロが限度であり、航空や鉄道、内航海運の輸送力を思い切って拡大するようつとめるだけでなく、パイプラインを石油輸送の主力とすることも考えなければならない。また、交通機関の担当分野からみると、近距離は自動車、中距離は鉄道、遠距離は内航海運で担当するのがもっとも合理的である。これらの要素を総合すると、鉄道では全国新幹線にも貨物輸送の機能と能力を与え、石油の輸送では全国輸送量の四割、五百四十億トンキロを消化するために七千五百キロメートルのパイプラインを建設しなければならない。

明治いらい、わが国の交通政策は鉄道中心におかれてきた。これは点と線の交通政策であり、大都市拠点主義はここから出発した。しかし、これから必要なのは、点と面の交通政策であり、その新拠点は、道路と鉄道、海運、航空の結節点である。

2　開幕した新幹線時代

拡大する一日行動圏

昭和四十七年三月十五日、山陽新幹線の新大阪〜岡山間が開業した。すでに八年目を迎えた東海道新幹線と合わせて、東京〜岡山間六百七十六キロメートルは、わずか四時間十分で結ばれることになった。山陽新幹線は早ければ四十九年秋にも全線が開通する予定である。そうなると、私たちは東京から博多まで一千六十九キロメートルを六時間十分でいけるようになる。

新幹線鉄道のメリットについては、もはや多言を要しない。朝の八時に東京駅から「ひかり号」で出発した乗客は、午前十一時十分に新大阪駅に着く。片道三時間十分は日帰りに十分な時間である。しかも料金は現在の一人あたりの国民所得から割出してほぼ二日分の収入をあてれば足りる。

東京や大阪の人びとがお盆、年末に帰郷するのにも新幹線ができてずいぶん便利になった。また、地方の人たちの上京も楽になった。新幹線がこれまでに四億人以上、つまり、わが国総人口の四倍にあたる乗客を運んだ実績が、それを雄弁に物語っている。

ある学者の計算によると、三十九年十月から四十六年三月までの東海道新幹線の乗客は三億六千三百万人であり、これらの人たちは在来線を利用した場合にくらべると総計八億三千五百万時間を節約した勘定になる。これを生産にあてはめると五千五百億円に相当する効果があり、労働時間に換算すると三十五万人のホワイトカラーを生みだしたことになるという。三十五万人の労働力というのは神戸市クラスの労働力にあたる。このように新幹線鉄道は人間の移動を効率化し、経済の生産性を高めているのである。

新幹線の建設については、既設の東海道新幹線、継続工事中の山陽新幹線のほか、東北新幹線（東京～盛岡）、上越新幹線（東京～新潟）、成田新幹線（東京～成田）の三線は建設がすでに決定、実施にはいっている。さらに北陸新幹線（東京～富山～大阪）、九州新幹線（博多～鹿児島）、東北・北海道新幹線（盛岡～青森～札幌）の三線も基本計画に組入れることになった。

東海道、山陽の両新幹線は在来線の輸送力のゆきづまりを打開するために計画されたのにたいし、これらの各線はいずれも先行投資型であり、北海道、東北、北陸、九州などの地域開発をすすめ、太平洋ベルト地帯と裏日本や北日本、南九州などとの格差解消に役立つものである。

しかし、新幹線鉄道の建設は、これだけではない。昭和五十五年ごろには東海道新幹線が増大する旅客をさばききれなくなり、第二東海道新幹線が必要になるだろう。このほか地域開発の奥羽北陸新幹線（青森～秋田～新潟～富山～大阪）、中国四国新幹線（松江～岡山～高松～高知）、九州四国新幹線（大阪～四国～大分～熊本）、山陰新幹線（大阪～鳥取～松江～山口）、北海道縦

姫路城付近を走る山陽新幹線

貫新幹線（札幌～旭川～稚内、旭川～網走）、北海道横断新幹線（札幌～釧路）など必要な路線が目白押しにひかえている。地域開発のチャンピオンとして、いずれも地元の人たちがその実現を強く求めている。

こうして九千キロメートル以上にわたる全国新幹線鉄道網が実現すれば、日本列島の拠点都市はそれぞれが一―三時間の圏内にはいり、拠点都市どうしが事実上、一体化する。新潟市内は東京都内と同じになり、富山市内と同様になる。松江市内は高知や岡山などの市内と同様になり大阪市内と同じになる。

運輸省、国鉄は現在の新幹線よりも二倍以上も速い時速五百キロメートルの超高速新幹線の開発に取組んでいる。車輪とレールに頼るいまの鉄道では、時速三百キロメートル程度のスピードが物

全国新幹線鉄道網理想図

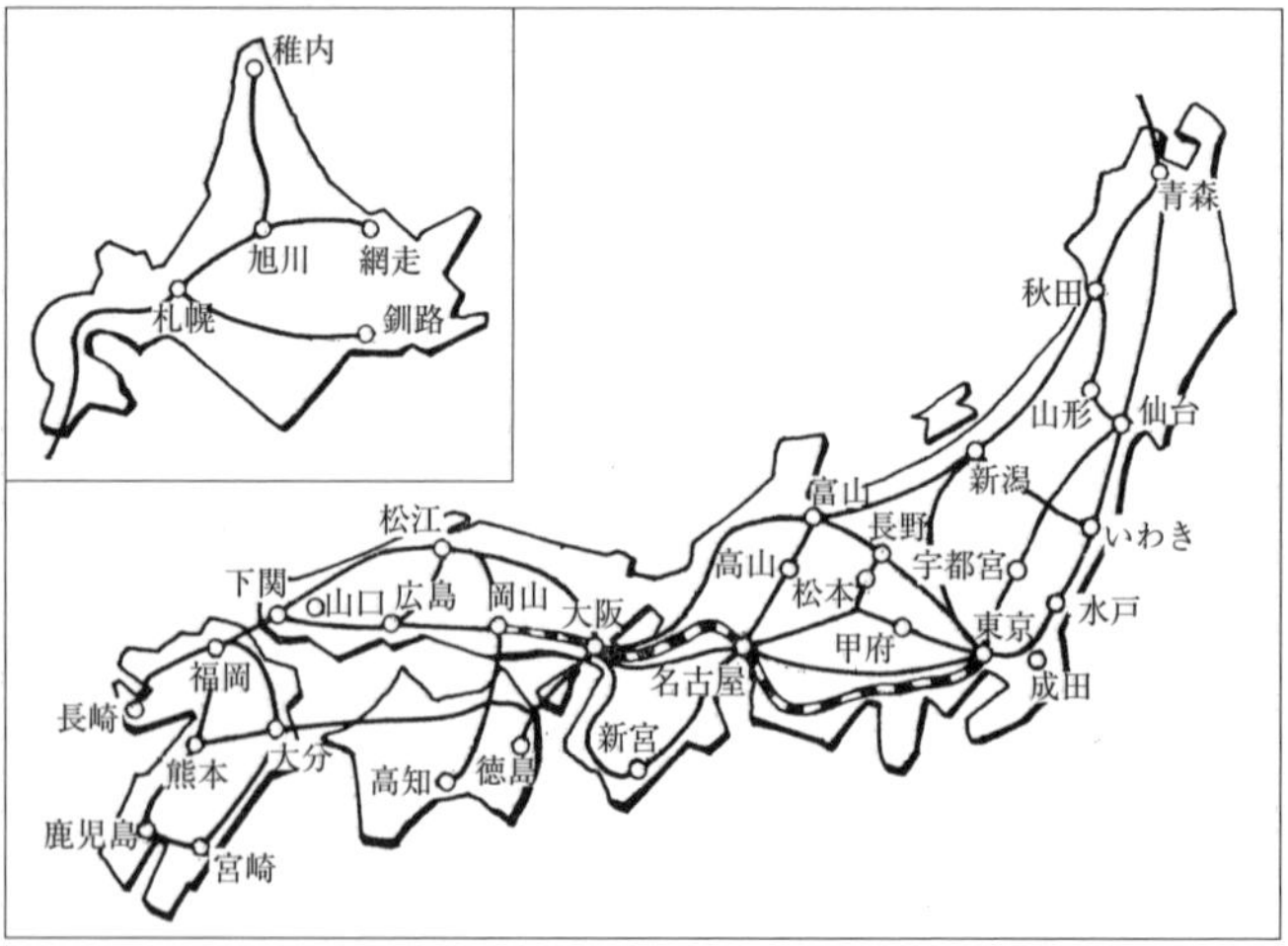

理的な限界である。そこで超高速新幹線ではリニアモーターという特別な方式を使う。ある種の金属を極低温に冷やすと、電気抵抗が極端に減ってたくさんの電流が流れる。この現象を超伝導というが、超高速新幹線では、この超伝導技術で生みだされる強い磁力で車体を軌道から浮上させて走る。そのため〝新幹線公害〟といわれる騒音もすくない。超高速新幹線が実現すると南北二千数百キロメートルの日本列島は、端から端まで一日で往来し、手軽に用事をすませることができるようになる。

　リニアモーター、超伝導技術は国家的プロジェクトとして完成目標を定め、本格的な開発に取組まなければならない。すくなくとも第二東海道新幹線などはリニアモーター方式で走らせてほしいものである。

これからの新幹線鉄道は、人口の集中した地域を結ぶだけではなく、むしろ人口のすくない地域に駅を計画的につくり、その駅を拠点にして地域開発をすすめるように考えなければならない。その場合、国鉄、地方自治体などが協力して、新設する駅と、その周辺地域の土地を先行取得することが必要である。そして、その地域の総合的な都市計画の一環として駅、駅ビル、広場、ターミナルなどの関連施設を建設する。関連施設の建設や運営、管理には国鉄、地方自治体に民間企業も加えて第三セクターの設立を考えたい。道路公団が高速道路のインターチェンジをつくり、それを拠点に地域開発をすすめる場合にも同じ方式が考えられてよい。

新幹線鉄道の建設とともに在来線の能力アップも必要である。そのため在来幹線約一万キロメートルを複線電化し、とくに貨客の交錯する区間では複々線化する。また、レールを耐久性、安定性の高いものに取替えて列車のスピードアップをはかる。新幹線ができた区間では通勤、通学以外の旅客輸送の大部分を新幹線に移し、在来線の輸送力を貨物輸送にあてる。都市間の貨物輸送はこれまでのように駅ごとに貨物列車を仕立てたり、切離したりする方式をなるべくやめて、コンテナー専用急行列車で目的地まで一気に運ぶ方式を大幅に取りいれる。

在来線は貨物輸送のほかにも通勤、通学輸送に大きな役割をになう。また、新幹線の恩恵に浴さない地方都市や地域を新幹線につらなる都市に結ぶ。在来線が旅客、貨物の両面で生き生きと働いてこそ新幹線も鉄道全体も生きてくるのである。

国土開発と地方線の再評価

もう一つ、ふれておかなければならないのは日本国有鉄道の再建と赤字線の撤去問題である。国鉄の累積赤字は四十七年三月末で八千百億円に達し、採算悪化の一因である地方の赤字線を撤去せよという議論がますます強まっている。

しかし、単位会計でみて国鉄が赤字であったとしても、国鉄は採算と別に大きな使命を持っている。明治四年にわずか九万人にすぎなかった北海道の人口が現在、五百二十万人と六十倍近くにふえたのは、鉄道のおかげである。すべての鉄道が完全にもうかるならば、民間企業にまかせればよい。私企業と同じ物差しで国鉄の赤字を論じ、再建を語るべきではない。

都市集中を認めてきた時代においては、赤字の地方線を撤去せよという議論は、一応、説得力があった。しかし工業再配置をつうじて全国総合開発を行なう時代の地方鉄道については、新しい角度から改めて評価しなおすべきである。北海道開拓の歴史が示したように鉄道が地域開発に果す先導的な役割はきわめて大きい。赤字線の撤去によって地域の産業が衰え、人口が都市に流出すれば過密、過疎は一段と激しくなり、その鉄道の赤字額をはるかに越える国家的な損失を招く恐れがある。

豪雪地帯における赤字地方線を撤去し、すべてを道路に切替えた場合、除雪費用は莫大な金額にのぼる。また猛吹雪のなかでは自動車輸送も途絶えることが多い。豪雪地帯の鉄道と道路を比較した場合、国民経済的にどちらの負担が大きいか。私たちはよく考えなくてはならない。しかも農山漁村を走る地方線で生じる赤字は、国鉄の総赤字の約一割にすぎないのである。

3　縦貫と輪切りの高速道路

幹線自動車道は一万キロに

新幹線鉄道が線にそって日本列島の開発を誘導するものだとすれば、道路は面としての地域開発を可能にする。人と貨物の大半を鉄道輸送に依存していた時代には、産業は鉄道の駅を離れて成立しなかった。しかし、自動車と道路の発達は人や物を駅から戸口へ、戸口から戸口へと運び、広い地域にわたる産業分散を容易にする。道路がなければ住宅は建たない。日本の鉄道の総延長は二万キロメートルあまりだが、道路は市町村道まで含めれば百万キロメートルにも達する。

昭和四十五年度にスタートした第六次道路整備五カ年計画では、四十九年度末までに、十兆三千五百億円の道路投資をすることになっている。平均すると年間二兆円あまりである。私が二十七年に、現在の道路整備五カ年計画の基本である道路三法の議員立法を行なった当時、年間の道路整備費は二百億円だった。十九年間で道路整備費は百倍になったわけである。二十一世紀のはじめになれば平坦地の五分の一くらいを道路にしないと増大する道路交通の需要はまかなえないと思う。

さしあたり六十年度を展望するとどうだろうか。まず四十一年の国土開発幹線自動車道建設法で決定した三十二路線、七千六百キロメートルの高速自動車道の建設は目標年度の六十年度をまつまでもなく、いまから十年以内に全部完成し、その総延長をすくなくとも一万キロメートルに拡大しなければならない。

高速道路が工業の地方分散に果す役割は大きい。

滋賀県の栗東町はかつて工場ひとつない寒村だった。それが名神高速道路ができ、インターチェンジが設けられるとともに、二百数十社の工場が進出し、新興工業地区へと一変した。名神高速道路と一緒に国道一号線や八号線がここで合流することも工業立地の条件として有利であった。

愛知県小牧市は三十年の町村合併で誕生した市である。それまでは農業中心の都市で、工業といえば食品、衣服、繊維関係の工場を除いて見るべきものはすくなかった。しかし名神、東名両高速道路がここで接続し、小牧インターチェンジが建設されてからは、工業都市、流通基地としてにわかに脚光を浴びるようになった。

東名高速道路ができてから東京にはいってくる九州産豚の量が二、三倍にふえた。日本道路公団が調べると、南九州から東京まで四日かかっていた子豚の輸送時間が約四分の一に短縮されたためであることがわかった。南九州からカーフェリーで神戸に陸揚げし、神戸から名神、東名高速道路で東京まで一気に運ぶとほぼ一日で着く。そうすると、輸送疲れによる子豚のやせ方がすくなく、トラック一台あたり二十万円は余計にもうかるようになったという。

大阪の青物市場では季節になると東名、名神を突走って福島県岩瀬村のきゅうり、茨城県のピーマン、埼玉県の長十郎梨、にんじんなどが出まわる。これらは高速道路が生鮮食料品の長距離輸送を拡大した例である。高速道路ができればできるほど市場が広がる半面、産地どうしの競争も激しくなる。それは貿易の自由化と同じことで、日本経済全体からみれば、適地適産がすすみ、価格が平準化し、生産は合理化する。

国土開発幹線自動車道と呼ばれる高速道路は名神、東名、中央（富士吉田線）、それに中国、近畿、九州、東関東の各一部を含めて現在までに七百九キロメートルが開通している。

しかし、先進工業国のうち、アメリカはすでに五万七百六十三キロメートルが開通し、西ドイツでは有名なオートバーンの総延長が四千四百五十三キロメートルに達している。イタリアでも高速道路の総延長は三千九百七キロメートル、フランスでは一千九百三十八キロメートル、イギリスでも一千二百三十二キロメートルである。

アメリカは世界一の自動車保有国であり、日本にくらべて人口が約二倍、国土面積も二十五倍

国土開発幹線自動車道網図

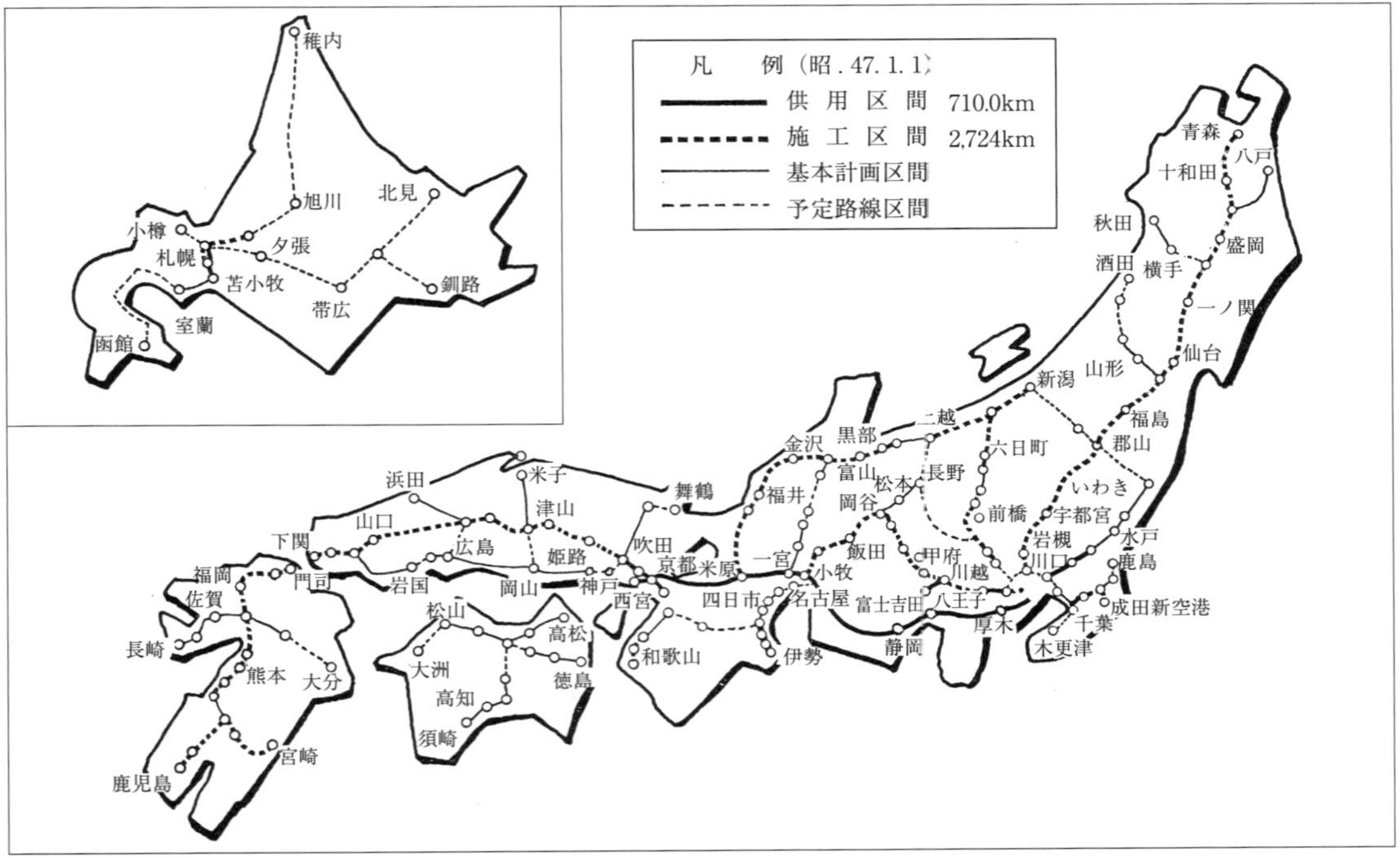

だから別格としてもよい。けれども人口や国土面積、自動車保有台数のどれをとってみても日本より小さい西ドイツやイタリア、イギリスが高速道路の建設では日本を上回っている。しかも各国の計画によると、五十年までにアメリカの高速道路の総延長は六万五千九百七十キロメートル、西ドイツは七千キロメートル、イタリアは六千五百二十八キロメートルに達するが、その時点までに完成する予定の日本の高速道路は一千九百キロメートルにすぎない。欧米なみの生活水準をめざすという観点からみても、日本の高速道路建設を急がなければならないのは明らかである。

日本でも建設しつつある三十二路線、七千六百キロメートルの高速道路が全部できれば、全国のあらゆるところからおおむね二時間以内で高速道路にたどりつき、利用できる配置になっている。

しかし、東名高速道路はすでに休日になると車があふれ、名神高速道路は一部で交通の渋滞が生じている。数年以内に第二東名、第二名神の建設が必要になることはまちがいない。

大都市を中心とした三十キロメートルから四十キロメートル程度の環状高速道路の整備もまだこれからである。また都市と新しい臨海工業地帯、臨海工業地帯と内陸工業地帯を結ぶ高速道路、たとえば北関東の茨城新港～水戸～宇都宮～高崎～前橋など港湾や空港、各都市のあいだをつなぐ高速道路もいまよりふやさなければならない。

とくに、表日本と裏日本を結び、日本列島を輪切りにする横断道路の建設に集中的に力を入れるべきだ。これまで、南北に長い日本列島の時間距離を短縮するため、道路投資が縦貫道路の建設に傾斜したのはやむをえなかった。しかし、これからは表日本と裏日本の格差の解消と内陸部の農山村地域を開発するために〝日本横断道路〟への先行的な投資を強力にすすめなければならない。昭和六十年度までにすくなくとも一万キロメートルの高速道路が必要だというのは、こうした理由からである。

百万キロメートルの道路網は、このような高速道路のネットワークを骨格として末端の生活道路にいたるまで、秩序ある体系が確立されていなければならない。これには、道路機能の分化と新しい道路規格を確立することである。

大量の交通を高速で処理できる高速道路、通過交通を処理する幹線道路、住宅地のなかの生活道路という具合に、それぞれの道路の機能をはっきりさせる。また、重量物専用、バス専用、空港・港湾専用道路など機能別に特化させ、結節点では乗り継ぎ、貨物中継、コンテナー交換（積み替え）などのターミナルの整備をすすめる。

新しい道路規格では、片側一車線プラス歩道というように、十車線まで十規格をつくる。幹線自動車道路では、最低で片側三車線、普通は片側四車線以上とし、トレーラーとトラック用、バス用、乗用車用および追越用道路を車線別にゆとりをもってはっきり分け、交通の安全と効率化をはかるべきである。

みどりの遊歩道づくりも国土開発の一環

機能特化のひとつとしては、産業道路と切り離してレクリエーション道路をふやすことである。将来、わが国の国民所得がいまの二倍から三倍にふえて、週五日制が普及してくると、車を利用して休日ドライブを楽しむ人が多くなるだろう。東京から湘南海岸まで海水浴へいくには、湘南電車でいくと一時間でいける。しかし、家族や恋人を車に乗せて、自ら運転して往復すると、朝早く家をでたとしても、帰りは夜の十二時をすぎるという。夏になると、新聞によくでている話だ。それでも車ででかける人がますますふえているのは、自動車文明というか、時代の姿なのだろう。ただ、それによって産業交通と観光、レジャー交通が一本の道路に交錯し、互いに目的地へ着くのが大幅におくれることは産業にとっても、レジャーにでかける人びとにとっても好ましくない。太陽と緑、きれいな水と空気を求めて、休日に都市を離れる人びとは年を追って増大する。その意味で、自然にとけ込むレクリエーション道路の建設を急がなければならない。その場合、自動車だけではなく、サイクリング道路や森や神社、史跡をめぐるみどりの散歩道を大量につくることが必要である。

道路政策について当面、重要なことは、通過道路と生活道路とを切り離すことである。生活道路とは人びとが隣りの家や学校、商店街などのあいだを往来する道や路地である。ところが、いまは幹線通過道路をはみだした車が生活道路にまで入り込んで、わがもの顔に走っている。これでは自分の家のまわりもおちおち歩いていられない。こうした実情を一日も早くなくすために、バイパスの建設をもっとすすめると同時に、生活道路をきめこまかく整備しなければならない。魅力ある地方都市を建設し、育成することは、日本列島を改造する重要な戦略手段のひとつである。都市づくりのための道路、生活圏内の農山漁村とを直結する道路を、先行的に整備することがこんごの課題である。

これまでの道路整備は延長を伸ばすことに重点がおかれていた。これからは質の時代である。騒音や排気ガス、ホコリなどの〝道路公害〟を解消しなければならない。そのためには道路と沿道の土地利用を一体的にとらえ、幹線道路には植樹帯をたっぷりとって、緑のベルトを日本中にめぐらすことが必要である。

4 四国は日本の表玄関

近畿、西日本を一体化する本州四国連絡橋

本州と四国を結ぶ連絡橋は神戸～鳴門、児島～坂出および尾道～今治の三橋とも昭和六十年度までに完成させる予定である。なかでも明石～鳴門ルートに建設する明石海峡大橋は、完成すれば世界最長の吊橋となる。本州四国連絡三橋は四国の三百九十万人の住民にたいしてだけ架ける

本州四国連絡橋のルート

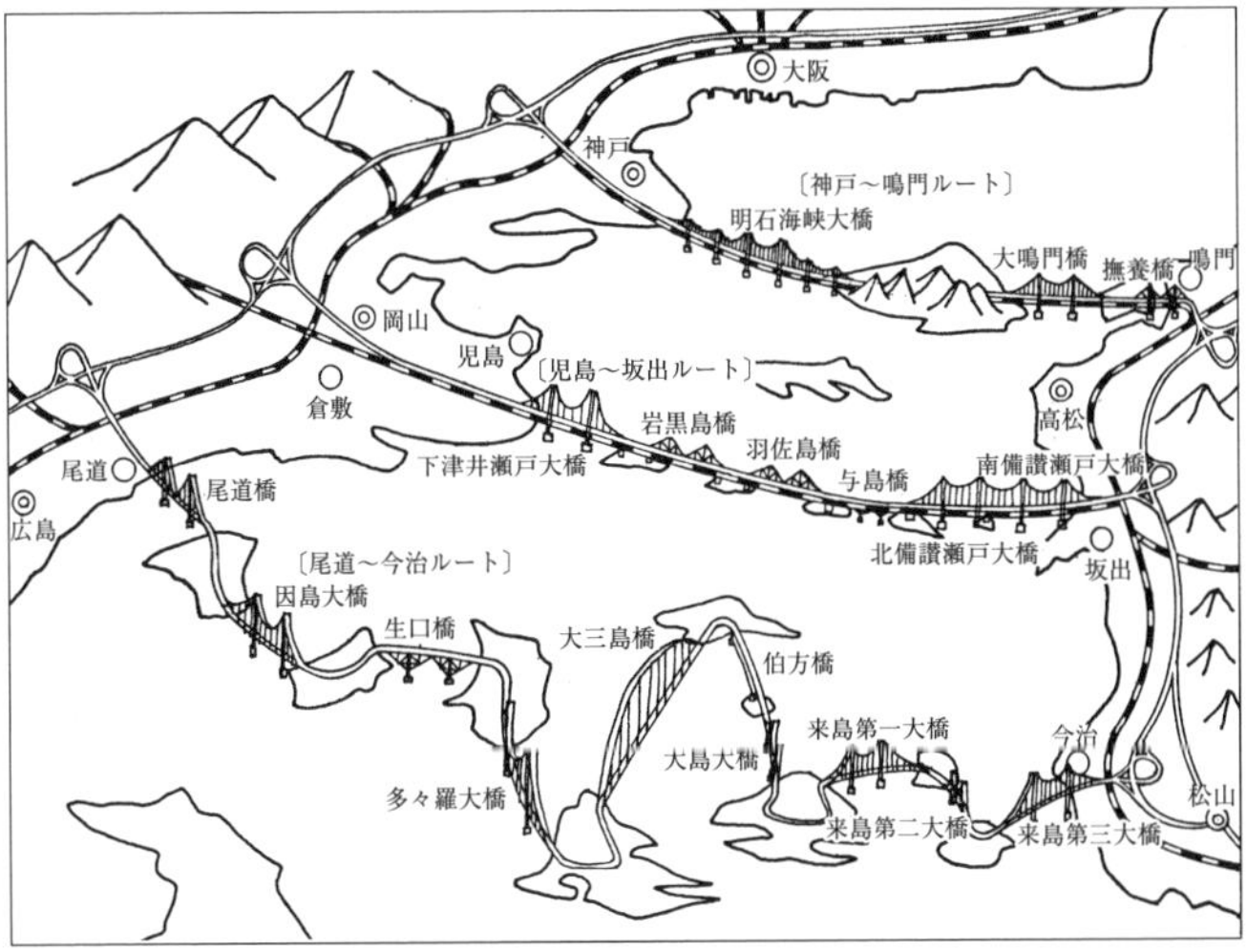

のではない。新幹線鉄道や高速道路とつなぎ、日本列島の三分の一を占める近畿、中国、四国および九州を一体化し、広域経済圏に育てあげるために架橋するのである。昭和三十年から十五年間に三十五万人も減った四国の人口は、これらの架橋によって、やがて六百万人にふえ、八百万人に増加しよう。本四連絡橋を三橋とも架けるからといって、過大投資というのはあたらない。

本州からみた四国は近くて遠い島である。広島、岡山県はもちろん、京阪神地帯から近いにもかかわらず、四国の道路改良率や国鉄複線化率、水道や電話の普及率などは全国平均にくらべて低く、社会資本の整備がおくれている。二、三次産業は伸びつつあるが、人口一人あたりの生産所得は四十四年で四十二万七千円と全国平均を一割も下回っており、産業構造全体の後進性は否定しがたい。しかし、この本四架橋の実現を契機にして、四国の開発がすすめば、地域住民の生活水準も急ピッチで向上すると思う。

本州と淡路島・四国のあいだを往来する旅客は一日平均ざっと十万人、貨物はおよそ十七万トンである。カーフェリーによる自動車の輸送台数は乗用車、トラックを合わせて一日平均およそ一万七千八百台である。しかし濃霧や荒天などによって船の欠航する日が一年のうち六十日もあるという。

瀬戸内海の船のラッシュはひどいものである。明石海峡を航行する船舶は東西通行が一日平均一千七百二十隻、五十秒に一隻の割合である。そのあいだをぬって南北通行が百八十隻もある。

瀬戸内海でも鳴門海峡に次いで潮流の早い来島海峡では一日平均九百三十隻もの船がせまい海峡を通り抜けていく。これらの航行量はいずれも一日二十四時間の数字だから日中のピーク時のラッシュがいかに激しいかは容易に想像できよう。まさに大都市の通勤線の過密ダイヤを上回る混雑ぶりである。連絡橋は海上数十メートルの高さで南北通行を引受け東西通行と立体的に区分して瀬戸内海航路の安全を高める。それは瀬戸内海の立体交差ともいえよう。

本四連絡三橋のうちでも東の橋、つまり明石〜鳴門ルートは近畿と四国間の時間距離や経済距離を短縮し、大阪湾から紀伊水道沿岸にかけての総合開発を先導することになる。

タンカー事故の危険を考えれば、過密の大阪湾に大型タンカーを入れるわけにはいかない。小型タンカーでこまぎれ輸送しても安全とはいえない。航行船数がふえて湾内のラッシュをひどくするし、小型船ではちょっとした事故でも船体の破損が大きく、油が流れだす心配がある。京阪神工業地帯で使う石油は衝突の危険がすくない大阪湾の外側で陸揚げするほかはない。そこで海外からの石油を積んだ五十万トンタンカー、百万トンタンカーがはいれるだけの水深をもつ橘湾が石油港湾、石油中継基地の有力候補地として浮かびあがってくる。あるいは、徳島臨海に一大人工島をつくって、石油中継基地を建設するという構想もある。これらの地点からパイプラインで京阪神に石油を運ぶのである。この石油パイプラインは明石～鳴門の連絡橋に抱き合わせればよい。橘湾は京阪神工業地帯の外港として、その価値をいちじるしく高めることになる。

次ぎに、四国の地域開発に必要な水をどう確保したらいいだろうか。そのカギをにぎっているのが吉野川の総合開発計画である。吉野川は四国の中央、石鎚連峰を源にして東に流れ徳島市付近で紀伊水道に注ぐ。本流百九十三キロメートル、年間流量七十億トンという西日本随一の豊かな水量を誇る川である。その水は流域の水田や畑地のかんがい用水、あるいは徳島、新居浜、伊予、川之江の神戸用水などとなって、四国四県をうるおし、支流を含めて現在、三十八地点の水力発電所を動かしている。吉野川はあばれん坊の四国三郎という異名をとっている。これは流域が台風の通り道にあたる日本有数の多雨地帯で治水がむずかしかったからである。

吉野川総合開発計画は昭和四十一年度にスタートした。四十七年度中には水資源開発公団の手で貯水容量三億一千万トンの早明浦ダムが完成する予定である。このほか、香川用水、池田ダム、新宮ダム、旧吉野川河口堰、吉野川北岸用水、高知分水などが工事中である。これによって新たに生みだされる水は、徳島市から橘湾にかけての臨海地域、瀬戸内海側の東予新産業都市および讃岐平野のかんがい用水と都市用水にあて、太平洋岸の高知県にも分水する。四千八百にのぼる讃岐平野の溜池が不要になれば国土の高度利用に振り向けることもできる。そしてなお、水に余裕があり、四国の住民が納得するなら明石～鳴門の連絡橋に水道パイプをのせて、淡路島から阪神への分水を考えてもよい。

琵琶湖総合開発計画によると、淀川に殺到する水需要に応じるため毎秒四十トンの水を琵琶湖から新たに取水することになっている。そのため日照りのときには湖水の水位が現在より一・五メートルも下がる可能性がでてきた。水位が一・五メートル低下すると、琵琶湖東岸の遠浅地帯では五百メートル以上も水際が後退する。連絡橋に石油と水の二つのパイプラインがのれば架橋の工事資金を回収するのにも役立つ。

明石～鳴門の連絡橋には鉄道橋を併設して、徳島から佐田岬を通り、海底トンネルで大分へぬける四国・九州新幹線と山陽、東海道新幹線を結ぶのが合理的である。また、四国縦貫自動車道と山陽自動車道、名神・東名高速道路をつなぐことにもなる。四国はこの新幹線鉄道と高速道路によって近畿圏だけでなく名古屋、東京の経済圏にもぐっと近くなる。淡路島の開発もすすむ。四国の室戸阿南海岸国定公園は、熱帯性植物と海亀の産地で名高い。連絡橋ができれば、京阪神はもちろん、名古屋、東京から観光客や海水浴客が訪れ、一大レクリエーション基地に発展するであろう。

本四連絡三橋の真中の橋、児島〜坂出ルートには松江、岡山、坂出、高知を結ぶ中国・四国新幹線鉄道を通したい。この地域は中国山脈、瀬戸内海、四国山脈という三つの地形的な障害によって分断され、四つの異質な経済圏を形成してきた。なかでも山陰と四国山脈の南が経済的に立ちおくれた。児島〜坂出ルートは中国・四国横断自動車道と新幹線鉄道を通すことによって、バラバラの経済を有機的に結合させ、新しい発展にすすませるだろう。

讃岐は古くから四国の表玄関だった。江戸時代にはお伊勢参りに次いでにぎわったという金刀比羅宮の参詣者も海路、丸亀や多度津に上陸した。宇野〜高松間に国鉄連絡船が発着するようになってからは、高松がこれに代った。現在では、旅客、フェリーによる自動車輸送の六、七割を高松、坂出、丸亀、多度津の四港が引受けている。本州と四国を結ぶ連絡橋のひとつがこの地点にかかるのは当然である。

さらに、この橋は、岡山、倉敷、水島、玉島など岡山県側の工業地帯と、高松から坂出、川之江、伊予三島、新居浜にいたる工業地帯を一つに結ぶ役割を果すと思う。橘湾から明石〜鳴門ルートに乗せる石油パイプラインの分岐線を香川県の瀬戸内海沿いにまで延長し、児島〜坂出の連絡橋と抱き合わせて岡山県側に石油を輸送することも考えるべきである。

本四連絡三橋のうちいちばん西の尾道〜今治ルートは、他の二橋と違って鉄道を併設しない道路橋である。この橋のメリットについても述べるべきことは多いが、ここではまず発展の可能性の大きい宿毛地区や長浜地区の開発と関連して考えたい。

宿毛湾は陸奥、橘、志布志の各湾とともに、五十万トン以上の大型タンカーがそのまま入港できる数すくない天然の良港である。かつては旧連合艦隊の停泊地で、四国最大の造船所もあったが、いまは姿を消した。私はこの良港を活用し、海外からの石油の受入れ港湾と中規模工業基地をつくりたい。宿毛は、本四連絡橋の児島〜坂出ルートから高知、須崎を経る交通と、尾道〜今治ルートから長浜、八幡浜、宇和島を経由する交通と二つの交通路線に支えられ、宿毛湾の産業と足摺国立公園の観光という二本建てによって発展することができる。

長浜港は、工業港湾としてすぐれた自然条件を備えており、肱川の水源を開発すれば生活用水、工業用水も確保できるし、工業用地として開発できよう。すでに長浜臨海工業地帯は開発へと動きだしているが、宿毛湾、長浜港から石油パイプラインを敷き、尾道〜今治の連絡橋にのせて広島県、山口県へ石油を輸送する構想も成立つと思う。

もう一つは将来、九州・四国新幹線鉄道を建設するとき、佐田岬から佐賀関海底トンネルに石油パイプラインを併設することも考えられる。中国と四国の西部を本四連絡橋の尾道～今治ルートで結び、さらに九州と四国を新幹線鉄道でつなぎ、必要に応じてこの二つのルートに石油と水のパイプラインを配置すると、安芸灘、周防灘から豊後水道にかけて環状の貨客輸送路ができあがり、西瀬戸総合開発を促すことになる。尾道～今治の道路橋に水のパイプラインを敷けば、大島、大三島など瀬戸内海の離島に水を供給できるし、観光客の増加にともなう水需要の増大にもこたえることができる。

このように本四連絡三橋は近畿、中国・四国、九州の経済圏を有機的に結合して広域的な発展を可能にするものである。「四国は日本の表玄関になりうる」という私の主張は決して誇張ではない。

5　工業港と流通港の整備

海洋国家日本の国土開発は、港湾を抜きにしては論じられない。明治維新の断行で近代国家に仲間入りしたわが国は、欧米列強に対抗するため国力の増強に直進し、明治初年から鉄道や港湾の建設に力を注いだ。とくに神戸、横浜港の修築には多額の国費を投入し、世界に向かう日本の窓口にした。

神戸港は綿花輸入港として阪神、中京の紡績を支えるセンターの役割をにない、横浜港は関東でつくられる生糸の輸出港として賑わった。港町には倉庫が建ち並び商業、軽工業が発達し、やがて世界航路の定期船が寄航する本格的な国際貿易港となった。神戸、横浜につづいては関門港、さらに大阪、名古屋、清水、ずっとおくれて東京港が国際貿易港に育っていった。

一方、こうした商港とは別に石炭、鉱石、木材などの原材料を受入れ、製品を搬出する工業港の建設が行なわれた。先駆となったのは洞海湾、室蘭などである。

大型船時代の工業港

天然資源をほとんど持たない日本が戦後の激しい国際競争に打ち勝って、先進工業国の地位を築きあげられたのは、ひとつには臨海工業立地のおかげである。ヨーロッパ、アメリカでは自国で資源を産出するだけに、原材料が手にはいりやすい鉱山や炭田に近い内陸地に重化学工業が発達した。結果的には、それが陸上輸送コストの負担を大きくした。これにたいし主要原燃料の大部分を海外から買入れる日本では、輸送コストを引きさげるため、港湾が建設できるところを選んで重化学工業地帯をつくった。石油を例にとると、全輸入量の九二%は日本から八千キロメートル以上も離れた中東に依存している。しかし、その石油を三十万トンクラスのタンカーで運ぶ場合でもトンあたり約一千円の運賃ですむ。これは内航海運で東京湾から瀬戸内海に運ぶ運賃にほぼ相当する。大型タンカーの活用によって日本は国内に世界最大の油田をもっているのと同じことになる。製鉄、アルミ精錬、電力などの場合も事情は同じである。

世界最大のマンモスタンカー日石丸（37万2678トン）の停泊する石油基地

港湾をつくるのに適した自然条件は、必要な水深があって、波がおだやかなことである。また、今日では、浚渫《しゅんせつ》技術の発達によって遠浅の海であっても航路を掘り、その土を利用して、工業用地を埋立て造成することができるようになった。港湾の後背地が平坦で水があり人口が多く、十分な労働力と消費市場があれば、臨海工業地帯の立地条件はすべて満たされる。資源、労働力、市場が工場と実質的に同じ地域にあることになるからである。その意味で、東京湾や大阪湾沿岸は、臨海工業地帯として、世界でも指折りの条件を備えているといえよう。日本の工業生産が東京湾、大阪湾沿岸に集中したのも必然であった。戦前では川崎港、尼崎港が両湾内の工業港を代表した。戦後では昭和二十五年に川崎製鉄が東京湾の千葉に臨海製鉄所を建設したのが刺激となって、大阪湾の和歌山、堺、瀬戸内海の水島、播磨、別府湾の大分などで重化学工業立地がめざましい発展をとげた。

港湾技術の進歩は波の高い外洋にも掘込み港湾の形で工業港の建設を可能にした。その技術的な自信を確かにしたのは、二十万トン級の船舶が出入できる鹿島港の建設である。鹿島港の築港は田子浦港、石巻新港、苫小牧港などをつくった技術の蓄積に立って行なわれた。この成功は外洋に第二の川崎港や尼崎港をつくる技術的な可能性を実証したともいえる。

日本経済の国際化は貨物の海上輸送量をますます増大させるし、その輸送効率を高めるため船舶はいっそう大型化するだろう。昭和四十六年四月には三十七万トンの日石丸が進水した。日本の造船業界は、イギリスからすでに四十七万重量トンタンカー二隻を受注している。これに先立って四十五年七月、運輸大臣は百万トン重量タンカーの技術開発を諮問したが、技術的にはその建造も可能だといわれている。これは、超大型タンカー時代の訪れを告げるものである。鉱石運搬船、ＬＮＧ運搬船なども次第に専用化、大型化しつつある。

一方、東京湾や大阪湾沿岸地帯は、陸上だけでなく、海上交通も過密化の一途をたどっている。したがって、既存の港湾にいま以上の役割を期待することはできない。これからは、地方に大規模な工業港湾を先行的に建設して、石油、鉄鉱石、非鉄金属、鉱石、石炭、木材、天然ガスなど大量の原燃料を受入れるようにしなければならない。いま予定されている苫小牧東部をはじめ、むつ小川原、秋田湾、周防灘、志布志など大規模工業基地づくりにあたっては、そのスケールにふさわしい工業港湾の建設が同時に必要である。

昭和六十年度におけるわが国の石油需要量を年間七億トンと推定すれば、五十万トンのタンカーが年間延べ一千四百回も入港しないと必要な原油を日本に運びきれない。これは原油を満載した五十万トンタンカーが一日に三・八隻の割合で日本の港にはいる計算になる。五十万重量トンタンカーの吃水は満載時で約三十メートルであるが、港湾内を航行するための余裕水深を含めると、三十五メートルから四十メートル近い水深の港湾が必要である。この条件を満たす内湾は、むつ、橘、宿毛、志布志の四カ所しかない。いずれも旧日本海軍が連合艦隊の停泊基地や練習基地として使用したところである。この四港湾は日本に残された数すくない天然の良港であり、工業港湾あるいは流通港湾にいちばん適した候補地である。

もちろん、将来のタンカーがすべて五十万重量トンとか百万重量トンになるわけではない。大型タンカーが直接、入港できなくとも、港内にシーバースをつくり、ポンプで石油を陸揚げすればよいわけである。石油港湾に関連して石油備蓄基地、中継基地の建設を考えると、噴火湾（北海道）、山田湾（岩手県）、石巻湾（宮城県）、広田（岩手県）、七尾湾（石川県）、館山（千葉県）、静浦湾（静岡県）、伊勢湾（三重県）、由良（愛媛県）、油谷湾（山口県）、別府湾（大分県）、伊万里湾（佐賀県）、崎戸（長崎県）、金武湾（沖縄県）などもその自然条件からみて、有力な候補地にあげられよう。

地方に国際貿易港を育てる

一方、産業の地方分散に対応して新しい国際貿易港を育てていかなければならない。運輸省は横浜、神戸など経済的にとくに重要な十七港湾を特定重要港湾に指定しているが、内訳をみると首都圏、中部圏、近畿圏で十一港を占めており、三大都市圏に集中している。昭和四十四年度の実績でみると、外航定期船の主要寄港地である東京、横浜、清水、名古屋、四日市、大阪、神戸、下関、北九州の九港で全国貿易輸出雑貨の八七％を取扱っている。

高速サービスを目的とする定期船（ライナー）が短時間に貨物の揚げおろしをするため、集荷能力の高い港に集中するからである。コンテナー船では高速・大量輸送がいっそう徹底し、約二十五ノットの早さで二港間のピストン輸送をするのが通例である。だからコンテナー船の寄港地は東京、横浜、大阪、神戸、名古屋、四日市など集荷能力のある大都市にしぼられる。そのため北海道や東北では、輸出雑貨を一度、横浜に運んでから定期船、コンテナー船に積みなおすことが多い。

しかし、これからは工業再配置をテコにした地域開発によって北海道、東北、北陸、山陰、四国、九州などの各ブロックも経済的な力を持つようになる。これに合わせてブロックの拠点港湾にライナーを寄港させるだけの集荷機能を整備し、国際貿易港へと育成すべきである。それは大都市圏にある既成港湾の過密と滞船を解消すると同時に、地方に都市機能を集積し、地域開発をすすめるのに役立つ。日本海では日ソ協力によってウランゲル港の建設がすすめられているが、こんごの日ソ協力の進展によっては、新潟港とウランゲル港を定期航路で結びシベリア鉄道で欧州まで陸送するという構想も成立つであろう。わが国の新幹線鉄道技術をシベリア鉄道に適用できれば、海陸を結ぶ新潟〜モスクワ〜欧州の貨客輸送を大幅にスピードアップすることもできる。

流通港とパイプライン

商港、工業港とともに、これから欠かせないのが流通港湾の建設、整備である。内港フェリー輸送の拡大にともなうフェリー港の整備は、とくに力を入れなければならない。また、現在、年間約四億トンの東京湾の海上貨物輸送は昭和六十年までには十二億トンにふくれあがる見通しだ。東京港の過密を避けるためには流通港湾として茨城に北関東新港を整備し、鉄道、高速道路、パイプラインを使い京浜、京葉地帯や関東内陸部に物資を輸送すべきである。同じことが大阪湾や瀬戸内海についてもいえる。

流通港湾との関連で石油輸送を考えると、石油中継基地からの中距離輸送はパイプラインを主体とすべきである。石油のパイプライン輸送は、タンクローリー車の陸上輸送による交通混雑を緩和し、人手を節約し、流通コストの引きさげに役立つ。運輸省の調査によると、輸送距離百キロメートルで内航タンカーの輸送コストを一とすると、パイプライン輸送のコストは二、鉄道タ

石油パイプラインマスタープランおよびCTS建設候補地点位置図

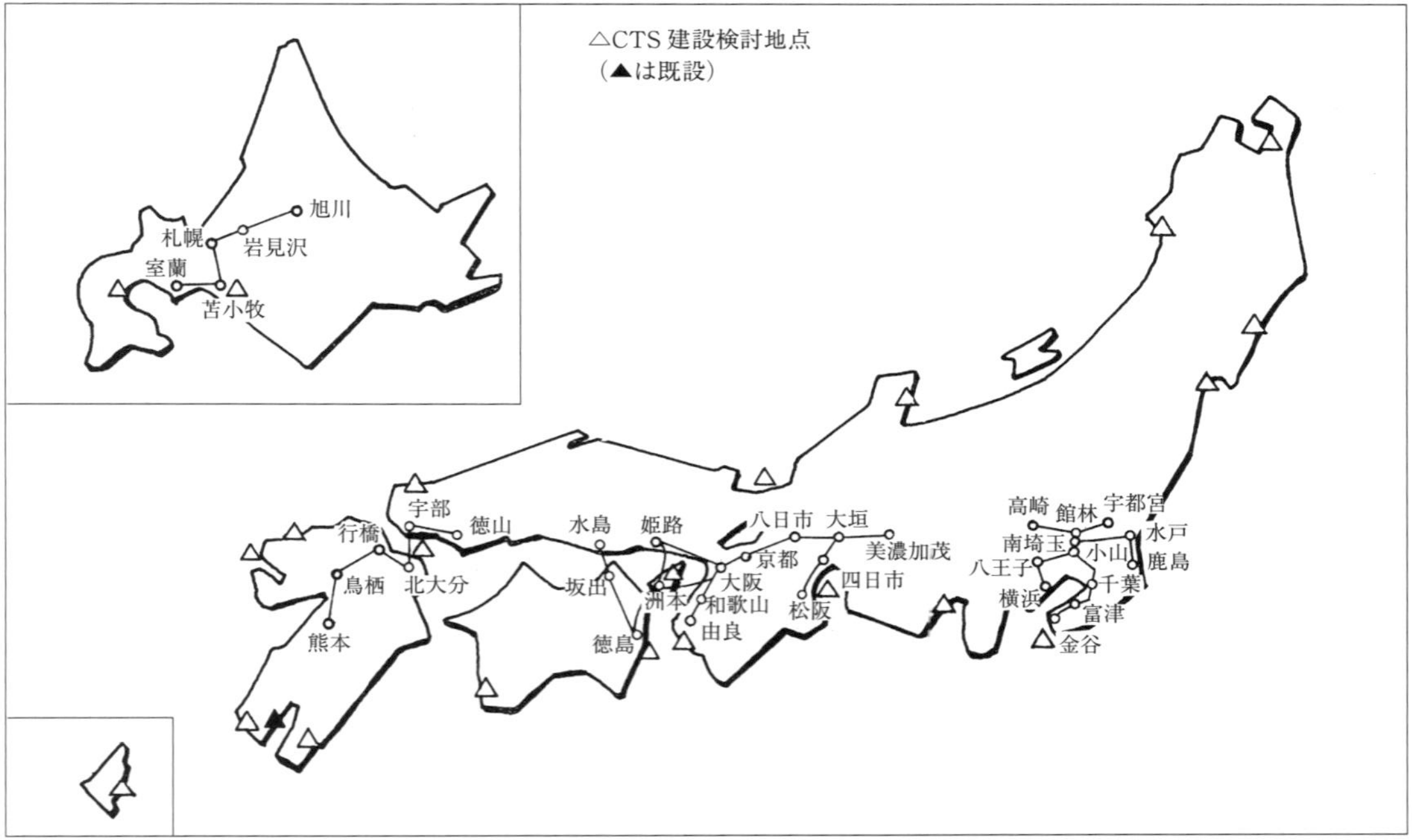

ンク車は四、タンクローリー車は二十になる。一日一万トンの石油製品を輸送するため必要な人員はパイプラインでわずか六人ですむが、タンクローリー車では一千三百人が必要である。輸送能力もタンクローリー車とは比較にならないほど大きい。

現在、日本の石油パイプラインはコンビナートの自家用施設を中心に約一千キロメートルが敷設されているにすぎない。ところがアメリカでは、すでに事業として確立し、昭和四十四年の実績でも原油と石油製品を合わせて総延長二十二万八千キロメートルに達し、欧州でも一万五千キロメートルになっている。アメリカ、西ドイツでは全石油流通の四五%前後をパイプラインに依存しているという。

こうした情勢から政府は、第六十八通常国会に石油パイプライン事業法案を提出した。石油パイプライン事業を育成するとともに、輸送の安定性を監督するためである。実施面をみると、新東京国際空港公団が建設する空港公団パイプライン（千葉港〜成田空港四十四キロメートル）は四十七年中にも完成する。次いで国鉄が鉄道線路用地内に敷く国鉄パイプライン（川崎〜横浜〜八王子〜南埼玉百十キロメートル）と、民間が共同出資でつくった関東パイプライン（千葉〜埼玉〜高崎〜宇都宮二百八十七キロメートル）も建設される予定である。そのほか北海道でも室蘭〜苫小牧〜札幌〜旭川を結ぶ二百五十一キロメートルの石油パイプライン建設計画が検討されている。昭和六十年度までには、すくなくとも国内石油輸送量の四〇%をパイプラインにゆだねたい。

石油パイプラインについては、地震のときに大災害の原因になると心配する人も多い。しかし、最近のパイプラインは材質や溶接技術が進歩して、地震にたいする抵抗が強化されている。このことは、新潟地震やロサンゼルス地震で証明ずみである。また、石油はガスと違って圧縮して送るわけではないので、仮りにパイプラインが損傷しても爆発して火柱があがる危険はすくない。

ＯＥＣＤ石油委員会の資料によると、石油パイプラインの死亡事故発生率はタンクローリーの一千四百分の一だという。だからといって、石油パイプラインの敷設、運営にあたっては安全性の確保を最優先にすべきことはいうまでもない。

6　ダム一千カ所の建設を

人間は水と離れて生きることはできない。古代文明はすべて大河の流域に発し、治水と利水は昔から、政治の大きな課題であった。とくに、水田による稲作農業を営んできた日本民族にとって自然が与える豊かできれいな水は生命と心の糧であった。明治以後の近代国家を築く原動力となった工業も豊富な水に支えられて発展し、戦後の経済復興も水力発電をはじめとする水の力に助けられた。

多雨国の水キキン

わが国の年間降雨量は一千八百十八ミリメートル、ざっと六千七百億トンである。このうち地下浸透分などを差引くと、残り五千二百億トンの雨が河川に流れ込む。世界の平均降雨量は七百三十ミリメートルだから、わが国の降雨量はその二倍半にあたり、日本は水に恵まれた国だといえる。しかし、降雨量を人口で割ると、国民一人あたり六千六百トンでアメリカやソ連の五分の一にすぎない。しかも、わが国の河川は急流が多く、貴重な水をそのまま海へ注ぎ込んでしまう。私たちが自然のもたらす水を十分に利用するためには、まず水をためることが必要である。ところが、貯水の適地にはダムを建設ずみのところが多く、これからつくるダムは貯水効率が悪く、水のコストも高くならざるをえない。

首都圏を例にとると、現在、工事中のものを含めて十七のダムでは、山元開発単価が一トン五円以下である。しかし、こんごの開発が予定されているダムでは五円から二十円、さらに、そのごの開発が予定されている二十五のダムではトンあたりコストが二十円以上に上昇するという。

水の需要はふえる一方である。通産省の調べによると、四十五年の工業用水の総使用量は一日九千八百万トン、年間では三百六十億トンであった。そのうちの半分は工場が回収して循環利用したので、実際に使った河川水や地下水は年間百八十億トンである。これに農業用水の補給量五百三十四億トン、生活用水の補給量九十二億トンを加えると合計八百六億トンである。これだけ

昭和60年の全国水需給状況一覧図（昭和46年建設白書）

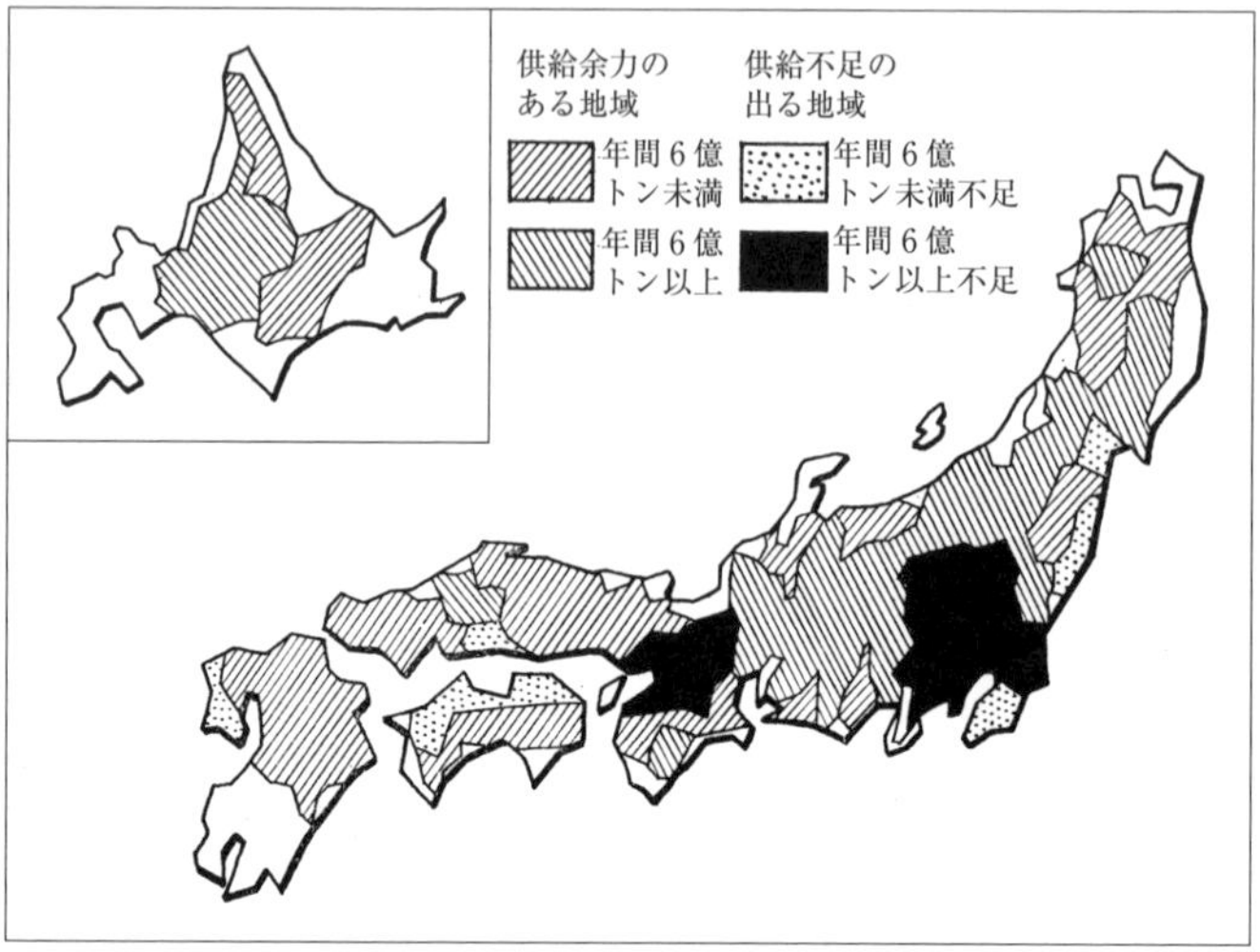

の水をすべて河川から補給したとすれば、わが国の河川利用率は一六％となる。

それでは昭和六十年の水需要はどのくらいになるだろうか。通産省の見通しによると、六十年における工業用水の一日あたり総使用量は三億二千万トン、四十五年にくらべて三倍以上にふえるという。使った水を回収してふたたび利用する分を差引いても工業用水だけで年間五百七十億トンの水が必要になる。仮りに農業用水の需要が五百四十億トンと、横ばいにとどまったとしても、生活用水の需要は年間二百四億トンにふえる見通しなので、全部で一千三百十四億トンの水を補給しなければならない。これだけの水需要をすべて河川に依存すると、昭和六十年の河川利用率は二五％にハネあがる。河川の水質を保ち、魚が棲むためにどうしても必要な維持用水量を含めると、実質的な河川利用率は三五％から四〇％の高さになる。

そこで通産省は節水のために工業用水の回収利用率を七〇％に引きあげる方針だが、それでも昭和六十年の工業用水の需要は年間三百四十二億トンになり、農業用水や、生活用水を含めた水需要は合計一千八十六億トンに達する。この場合の河川利用率は二一％である。しかし、問題はそれだけではない。わが国全体としては、河川利用率を引きあげて六十年の水需要をまかなうことはできる。問題は地域的な水キキンの解決であり、とくに過密地帯の関東、近畿地方では深刻な水不足が予想されている。

建設省が昭和四十六年四月にまとめた広域利水調査によると、六十年の京浜、京葉地域の水の総需要量は年間およそ七十二億トンに達するという。

一方、供給力をみると、利根川を主力に荒川、千葉県内河川、相模川、酒匂川を合わせて約四十一億トンにすぎない。差引き年間三十一億トンという膨大な水不足が生じる計算になる。また京阪神地域の年間水需要量は六十年で四十一億四千万トンになるが、供給のほうは淀川の二十億六千万トンを中心に紀ノ川、武庫川、大和川を合わせて二十二億トンにすぎない。十九億四千万トンも足りないことになる。このまま放っておけば、あと数年のうちに東京や大阪は水キキンで苦しむようになるだろう。

九頭竜ダム（九頭竜川水系九頭竜川）

それではどうして足らない水を生みだしたらいいだろうか。その一は、工場における水使用の合理化である。水は循環使用が可能なので需要増のいちじるしい工業用水の回収利用率を七〇％に引きあげる。

その二は、住民の理解と納得のうえで水を広域的に利水することである。建設省はすでに関東では鬼怒川、霞ヶ浦の水を利根川から荒川に流し、京葉地帯に引いてくる導水事業に取りかかっている。これからは信濃川水系と利根川水系の結合や富士川の水を関東に導水することも考えてよい。近畿では紀の川、新宮川、由良川などからの導水が考えられる。しかし、根本的に重要なのは水源開発と連繫して、水需要の集中している過密地域から水を新しく開発できる可能性のある地方へ産業と人口を分散することである。

自然の水源と造水プラント

昭和六十年における膨大な水需要をまかなうためには、国土計画にもとづく水源の先行開発と整備をすすめなければならない。各河川の上流に大規模な多目的ダムを建設するとともに、中流や下流部に河口堰、河口湖をつくり、水を生みださなければならない。

その場合、大規模な拠点ダムだけではなく、地方に必要な中規模以下のローカルダムも建設する。これらを合わせると、昭和六十年までに建設が必要なダムは全国で一千百カ所以上にのぼる。農業用水を別として工業用水、生活用水を供給しているダムは現在二百五カ所だから、その五倍以上の数のダムをつくらなければならない。こうした水源開発とともに、地域の都市計画、工業立地計画に合わせて上水道、工業用水道を整備することも急務である。

また、ダムにためた良質の水はできるだけ生活用水にふりむけ、工業用水は工場内での回収利用とともに、新しい人工的な水源を工夫していく必要がある。通産省では下水、産業排水を高度処理して再生するためのモデルプラントを開発中だが、かなり良質の水がえられるようになった。コストは日量トンあたり三十円ぐらいで、まだ普通の水よりは高いが、スケールアップによるコストダウンは期待できる。この技術は水利用のクローズド・システム化で環境問題に対処するためにも有効である。

また、海水の淡水化も、工業技術院で開発中である。いまのところコストは日量トンあたり百二十円で、かなり高いが、五十年までにはトンあたり四十円にまで下げる目標だ。このように河川やダムからの取水だけではなく、機械や化学の力で水を生みだす努力もしなければならない。

一方、治水の重要性はいまも昔と変わらない。三十四年に起った伊勢湾台風は死者五千人、直接被害五千億円という水害史上の記録をつくった。このあとこれを契機にして、重要な河川の整備は一応すすんだが、最近では整備のおくれた中小河川と都市河川の洪水やガケくずれの被害が目立つようになった。

一般的な治水対策としては、水の培養源としての森林の保護、治水ダムや砂防ダムの建設と堆積土砂の除去によるダムの若返り、河道、河床の整備を含む河川の改修、排水路や水門護岸の整備など打つべき手は多い。治水もまた国土開発、都市改造と密接な関係があることはいうまでもない。とりわけ大都市では工業地帯で起っている地盤沈下をくいとめなければならない。水害だけではなく家屋、道路、橋梁の安全にも影響があり、さらに一度、沈下した地盤の修復は困難であるからだ。このため工業用水道の建設を急ぎ、地盤沈下の原因となる地下水のくみあげを全面的に禁止する方向へ動かなければならない。

水について、とくに強調したいのは汚染防止の重要さである。水こそは人類の生命の糧である。工場排水について汚濁防止を徹底するのはもちろん、生活排水についても科学技術による浄化を強化したい。隅田川、淀川の河口で魚釣りを楽しむところまで河川をきれいにしなければ日本列島の改造が本当にできたとはいえない。

7　ジャンボとSTOL機で結ぶ日本の空

わが国と外国を結ぶ交通路は海か空しかない。一九六〇年代に開幕したジェット機時代は空の旅をぐんとスピードアップするとともに、安全で快適なものにした。七〇年代にはいるとともに登場したジャンボ機は、空の大量輸送を可能にし、海外往来をいっそう便利なものにした。その結果、国際旅客輸送に占める航空輸送のシェアは九割を占め、決定的な地位を確保するにいたった。

貿易や観光を含む国際交流の活発化を反映して、わが国に出入りする国際航空線の旅客の伸びはいちじるしい。四十五年の旅客数は日本人、外国人を合わせて延べ三百二十八万人で、過去十五年間に二十三・五倍になった。この間の年平均成長率は二二・五%で、世界水準を上回っている。昭和六十年を展望すると、国際航空線の旅客数は四千万人以上に達する、というのが専門家の定説である。いまの十二、三倍の規模になるわけだ。

これからは航空による国際貨物輸送も飛躍的に増加する見込みである。四十五年度では、わが国が海外に送りだした航空貨物は六万七千トン、海外から受入れた分が四万三千トンで、合わせて十一万トンであった。ところが六十年度には出入合計ですくなくとも三百万トン、多ければ五百万トンに達するという見方が有力である。五百万トンとすれば四十五年度の四十五倍、三百万トンとしても二十七倍である。

四千万人の国際線旅客と三百万トンを越える貨物を羽田国際空港だけでさばくことは不可能である。建設中の成田新東京国際空港のほか新関西国際空港の候補地が物色されているのもそのためだ。

ここでは工業の再配置と関連して将来の空港整備の考え方について二点だけ指摘しておきたい。

貨物空港と工業地帯

その一つは国際貨物空港の建設である。この空港は国内空路や陸上輸送と結びつけて国際貨物の中継基地とすると同時に、電子工業、精密工業など知識集約型の産業を中心とする新しい工業立地、いわゆる臨空港工業地帯づくりと一体に考えたい。国際航空貨物はこれまでの郵便、フィルム、新聞、雑誌、書籍、宝石などに加えてテレビやテープレコーダーなどの工業製品や原子燃料などの原燃料も多くなってきている。わが国の産業構造の知識集約化がすすむにつれて、すこしくらい割高な運賃を払っても採算の合うようなコンパクトで付加価値の高い製品がふえるのは確実である。国際市場の激しい変化に対応して、国際競争に耐えていくためには、情報収集とともに、部品や製品の改良の早さと輸送のスピードが決め手になってくる。
また、大型機の導入と航空運賃単価の低下によって航空貨物の対象はぐっと拡大するだろう。将来の航空貨物輸送は海運におけるライナーやコンテナー船と同じような働きをするようになるだろう。

国際分業が進展すれば世界各国の部品、たとえば発展途上国などで生産された部品やユニットを航空コンテナーでわが国に持込み、組立てるといった仕組みも考えられる。もちろん、わが国で生産した部品やユニットを航空コンテナーで世界各国に供給することにもなる。部品やユニットだけではなくコンピューター、周辺機器、事務機、医療機械、光学機械、測定器、計測装置など完成品の航空輸送もふえるに違いない。

このような知識集約型の工業立地は、高度な技術者を必要とするだけに都市集積とは切離せない。そのため国際貨物空港と臨空港工業地帯の候補地は太平洋ベルト地帯、とくに伊勢湾か駿河湾が候補地と考えられている。しかし、私は必ずしも既存の都市集積のある地域のみを候補地とする必要はないと思う。日本列島の総合開発によって全国に交通ネットワークや都市なみの情報機能を整備することを前提にすれば、むしろ土地の入手しやすい東北や南九州が候補地と考えられる。

もう一つは地方空港の整備である。昭和六十年度の国内線の利用者は一億二千万人、空港での乗降客として数えれば二億四千万人に達すると推計されている。国民所得や余暇の増加によって航空旅行は大衆化し、遠距離旅行は航空機を利用するようになる。レジャー航空もふえる。わが国では空港面積が比較的すくなくてすむ短距離離着陸機（ＳＴＯＬ）を開発し、地方都市と巨大都市、地方都市相互間を結ぶのが合理的だ。それとともに地方空港と関連した臨空港工業立地を考えたい。

V

都市改造と地域開発

日本列島改造の処方箋－2

1　花ひらく情報化時代

都市機能の再配置

東京、大阪、名古屋などの大都市——とくに東京には政治、経済、文化などのあらゆる機能が集中している。なかでも集中度の高いのが中枢管理機能である。東京には全国的な政治、行政機能を受持つ国会や大蔵省、通産省、建設省などの中央官庁がある。経済面では新日本製鉄、日産自動車、三井物産など企業の本社、富士銀行など銀行の本店の多くが集まっている。銀行の銀行である日本銀行の本店もある。資本金五十億円以上の大企業の過半数が東京に本社を置いている。

また、大学、研究機関、新聞社、出版社、印刷業者が集まっていることは教育、研究などの社会的、文化的な中枢管理機能の集中を物語っている。こうした中枢管理機能に加えて工場の持つ生産機能、問屋、商店、倉庫などの果す流通機能が交錯し、さらに私たちが明日のエネルギーを養う住居やレクリエーション施設などが混在しているのが大都市の姿である。

このように大都市が中枢管理機能をはじめとするいろいろの機能を一手に握っているため、地方の人びとは大都市と結びつかなければ仕事ができなくなっている。機能にとぼしい地方都市は、大都市に従属する形になり、画一的になり、個性と魅力を失っている。

ある意味では、現在のわが国の都市は東京、大阪などの大都市も、地方の中小都市も、それぞれが程度の差こそあれ問題を内包している。

大都市は、政治、経済、社会、文化のあらゆる機能が集中し、膨大な人口をかかえて肥大症に陥っており、交通渋滞の〝動脈硬化〟に加えて、工場の煤煙や車の排気ガスによって〝ぜんそく〟まで併発している。

地方都市の多くは、工場や商店があっても中枢管理機能や文化、学問の場がとぼしい。いわば胴体や手足は一応、そろっているものの神経中枢が十分でないようなものだ。そうした状態では、地域の経済活動の完結性も低くなるから地方都市の資金もすぐに大都市に吸いあげられてしまう。大口の金融、商談の多くは大都市の本社、本店で行なわれるから地元はうるおわない。こうして経済、社会、文化の機能は、ますます大都市に集中する。大都市は集中しすぎた機能をもてあまし、地方は必要な機能さえ維持できなくなるという悪循環をたどってきた。

均衡ある国土をつくるためには錯綜する大都市の機能を再点検して地方に再配置し、地方の各地域の機能の自己完結性を高めるとともに、大都市と地方都市、または地方都市と他の地方都市や市町村とのあいだにおける機能の連帯、有機的な分担が必要である。

近代都市の機能は、時代とともに変化する。資本主義の初期の段階における都市は、生産の場であった。工業の集中につれて都市は大きくなった。やがて流通と消費機能の比重が高まり、いまでは中枢管理機能こそ都市の中心的な機能だといわれる。

情報化社会の開幕にともなって中枢管理機能の比重はいっそう高まってきた。

また、国際経済時代を迎えて、大都市は国際的活動、国際情報の結節点として国際的な中枢機能も果さなければならない。高度成長の結果、世界の〝極東〟ではなくなったわが国には、これから国際政治や国際経済、国際金融など多くの分野についての中枢機能が集中してくることは避けられない。

東京、大阪などの大都市が情報化時代、国際化時代の中枢管理機能の集積地として十分な役割を果すためには、現在のような錯綜した機能を整理し、機能の鈍化をはかることが必要である。

そのためには、必ずしも大都市に立地する必要のなくなった工場、大学、研究機関などを地方に分散すべきである。また、行政機関についても地方自治体に許認可権を大幅に移譲することによって機能を簡素化するのが好ましい。

情報列島の再編成

大都市と地方の格差をなくすためには、全国各地域を結ぶ情報ネットワークを先行的に整備しなければならない。申込めばどこでもすぐに電話がつき、全国即時通話ができるようにするのはもちろんである。有線テレビ、テレビ電話、さらに職場でも家庭でもボタン一つでコンピューターを呼びだすことのできるデータ通信など、情報化時代にふさわしい情報ネットワークをつくらなければならない。また、そうした新しい情報手段の利用技術と情報システムを積極的に開発し、各地域の情報活動に必要な機能を積みあげていくことが大切である。

通信コストの合理化も大きな課題である。現在、東京では二十三区、五百八十平方キロメートルのなかにある二百五十万台の電話が十円でいくらでもかけられる。ところが、地方では十円でかけられる電話がわずか一千台ぐらいしかない地域もある。これでは東京の情報交換コストがはるかに安いことになる。

そのうえ、現在の料金体系では地方への通信が非常に高いものにつく。東京とニューヨーク間は一万五千キロメートルも離れているが、電話料は一通話三分間で三千二百四十円である。しかし、東京と京都のあいだは、およそ四百キロメートル離れているだけなのに、同じ三分間で三百十八円もかかる。東京都内の小岩と荻窪は二十四キロメートルの距離で十円である。電話の料金体系は一足飛びに全国単一にするのは無理だとしても、長距離通信の料金はどしどし安くしていかなければならない。そうすれば、料金を気にしないで全国各地と電話することができるようになり、経済的にも地方と中央との情報格差が縮小するはずである。

このように情報ネットワークの整備、利用技術や情報システムの積極的な開発、通信コストの合理化を三本柱にして日本全国を一つの〝情報列島〟に再編成すれば、わざわざ情報を求めて上京する必要はなくなり、地方にいながらにして商売も勉強もできるようになる。

情報化時代の主役はコンピューターによる情報処理である。このコンピューターと職場や家庭を結ぶのが通信回線だ。新幹線鉄道の列車がレールの上を走って私たちを運ぶように、私たちが通信回線をつうじてコンピューターを呼びだし、コンピューターのはじきだす情報が通信回線をつうじて私たちにとどく。それがデータ通信である。

データ通信は国鉄が乗客の注文に応じて指定席の空席をただちにさがしだして切符を発売する〝みどりの窓口〟に採用している。日本航空でも同じように利用しているのをはじめ、銀行の為替交換や預金の処理にも使われている。

また、押しボタン電話でコンピューターを呼びだし、事務計算をさせる仕組みも開発され、東京や大阪など一部の地域ではすでに実用化されている。

一方、データ通信とともに、将来の情報化社会で大きな役割を果すと予想されるのが有線テレビ、テレビ電話である。テレビ電話を本格的に普及させるためには、技術やコストの面でまだまだ工夫が必要である。しかし、遠くに離れた人びとがテレビ電話で相手の顔をみながら話をすることができるようになるという魅力は大きい。大都市の本社、地方の支社、工場のあいだでもテレビ電話で会議をすることも可能になるだろう。

また、データ通信と有線テレビなどが組合わされて新しい情報システムが生まれるだろう。たとえば、通産省で開発しようとしている映像情報システムでは、将来、一台のテレビ受信機で無線テレビも有線テレビも楽しみ、さらにテレビ受信機に組込まれた鍵盤を操作すると、情報センターやデータバンクにつながって「日本の国土面積はどのくらいか」「IMF（国際通貨基金）とはどういう機関か」といった知識を求めることができる。

このような新しい情報ネットワークとシステムは産業や人口の地方分散を容易にする。必要な情報が十分に手にはいるようになれば、工場の分散はもちろん企画、調査、管理部門、研究所なども一緒に地方分散が可能になる。そうなると地方大学をでた青年たちが地元で働く職場もふえる。地方の企業は本社機構を大都市に移さなくともすむ。商取引でも工場の所在地にいながらにして相手の工場や問屋と話し合えるから生産の実情に合わせた取引ができる。

東京の中央官庁の情報が東北でも、九州でも、すぐに入手できるようになれば、県や市町村の職員は全国のデータをにらんで地元で必要な企画をたてたり、その適否を判断することができるようになる。創意に富んだ新鮮な行政が行なわれるようになるだろう。資料の不足に泣いてきた地方の研究者もあまり不便を感じなくなる。

これらの情報システムのなかで、地方の人びとにいちばん喜ばれそうなのは教育、医療などのシステムである。人格教育は別としても専門的な技術とか語学は、地方にいながらにして大都市と同じ高い水準の勉強ができる。

過疎地域に住む人びとは病気になると、四キロメートルも六キロメートルも離れた町の病院までバスにゆられて通院する。ところが、そこでも総合的な診断設備となると不十分なケースが多い。まして心臓外科などの専門医となると全国でも数すくない。しかし医療情報システムができれば県庁所在地の医療センターに通信装置でデータを送り、すぐに診断し、処方箋をだすことも可能になる。へき地や離島に急病人がでた場合、地方の中心都市からヘリコプターで医者がかけつける日も近く訪れよう。

さらに五千世帯から一万世帯を単位にして、各地域に有線テレビ網をつくれば、テレビ局に申入れて野球やテニスやフォークソングなどの同好者をつのるのもたやすい。運動場やコンサートホールや集会場とともに、スポーツや趣味の同好グループをつくることが地域の人びとの精神的なつながりを深めよう。

このような情報機能の集積が地域に文化を育てる土壌となり、これらが行政や経済と結びついてこそ、人びとは地域に定着し、地方開発が本格的にすすむと思う。

2　新地方都市のビジョン

地方都市の整備

明治百年にいたる近代日本の道のりは、地方に生まれ、育った人たちが大都市に集中し、今日のわが国をつくる牽引車《けんいん》となったことを示している。しかし、明治二百年に向かう日本の将来は、都市に生まれ、育った人たちが、新しいフロンティアを求めて地方に分散し、定着して、住みよい国土をつくるエネルギーになるかどうかにかかっている。そのためには地方に産業を起し、高い所得の機会をつくるとともに、文化水準が高く、経済的、社会的に十分な都市機能を持った地方都市を育成しなければならない。大都市との情報格差をなくし、地方都市に住む人びとが豊かで、便利な暮しができるように日常の生活環境をきめこまかく整備することである。

地方都市の整備は大きく分けて三つに集約される。その一つは札幌、仙台、広島、福岡など地方ブロックの中核となる都市および県庁所在都市の中枢管理機能の充実である。第二は地方生活圏の中心となる都市、例をあげると北海道では旭川や釧路、青森県では八戸、弘前など、全国に散在する中都市の機能を高め、その生活環境を整備し改善することである。これら既存都市の機能の充実、生活環境の整備をつうじて、地域住民の定着性を高めれば、東京、大阪など大都市への人口の集中をかなり、くいとめることができる。そして第三は工業再配置によってつくられた工業団地を中核とした〝新二十五万都市〟の建設である。新二十五万都市の建設は、こんごの地域開発の核となるもので、私はこれを大都市改造と並んで日本列島改造の中軸と考えている。

新二十五万都市の建設

新二十五万都市は、地域開発をすすめるための拠点である。ただ単に工業再配置によって大都市の工場を分散、立地するだけでは拠点都市としての役割は果せない。産業の分散による経済活動に加えて、情報、金融、流通など開発拠点としての都市機能を持ち、さらに医療、文化、教育などサービス面の施設を整備しなければならない。

新二十五万都市を中心とする周辺地域が一体となって、自立的な経済活動を行ない、地域住民が文化的で豊かな暮しができるようになれば、住民がその地域に定着し、大都市への人口集中も防げる。

新二十五万都市を建設する具体的な方法は二つ考えられる。その一つは地方の小都市で、すでにある程度の都市集積のあるところを充実、強化するやり方である。たとえば、山形県の酒田市と鶴岡市を中心とした地域などのように、人口七万ないし十万人ぐらいの小都市の市街地を外に拡大し、市街地から離れたところに工業団地を建設して、市街地と有機的な連繋を持つブロックを形成し、人口の吸収をはかる。もう一つは隣り合っている人口二万人程度の町村が多数集合して、新しい市街地をつくり、その周辺に工業団地を立地する方法である。たとえば鹿児島の始良町、隼人町、国分市を含む地域である。この場合は、広い用地が確保できる地域であり、しかも高速自動車道のインターチェンジに近く、新幹線網の停車駅との交通も十分に確保できるところが理想的である。

新二十五万都市というが、必ずしもこの人口数にこだわる必要はない。その地域の実情や都市形成のための条件から、十五万人になることもあるし、三十万人になることもありうる。ただ人口があまり多くなると、過密度が強まり、公害が発生する余地を広げ、地域住民の一体感、連帯

ニューコミュニティーのモデル

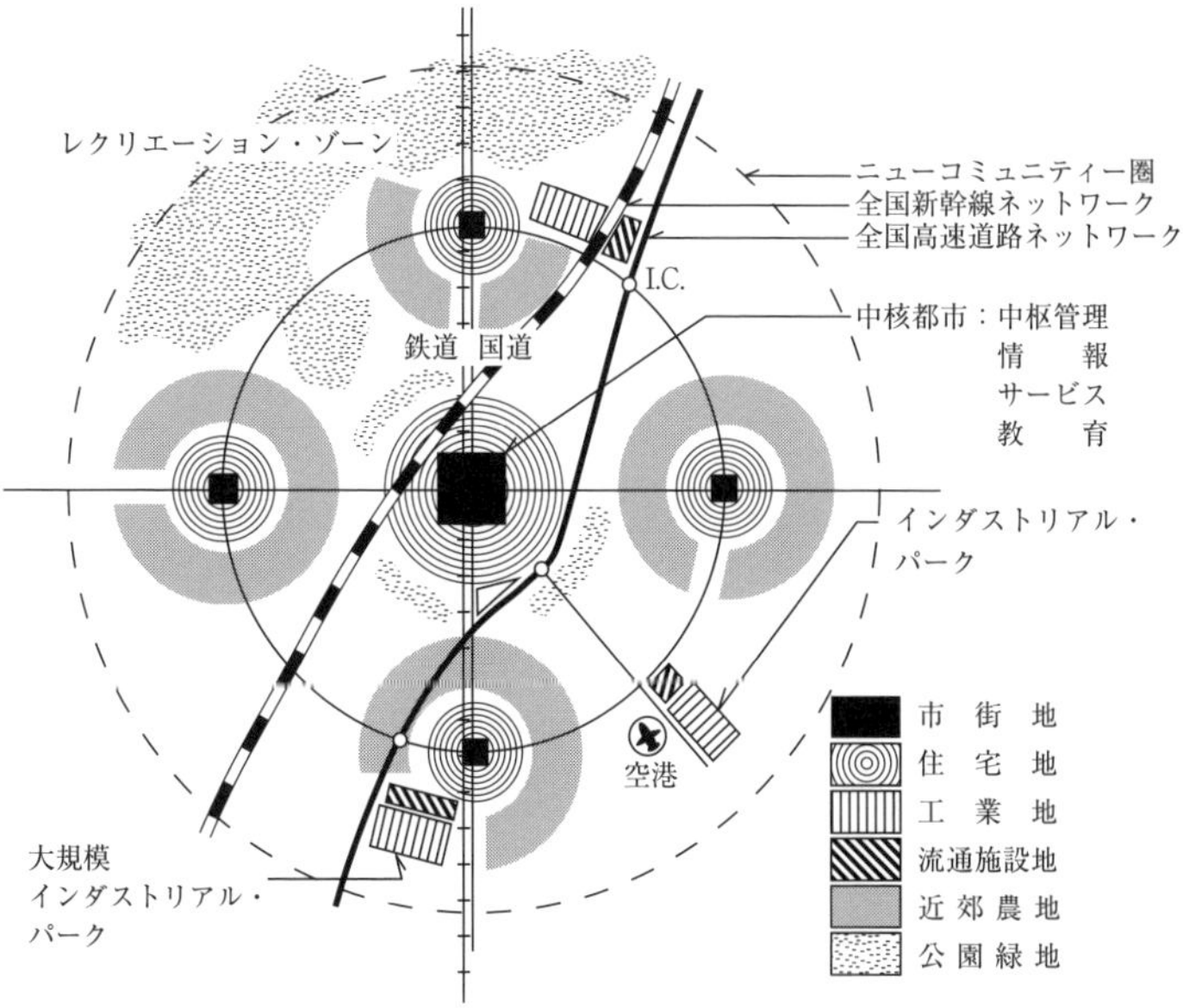

感をつくりにくい。私がめざすのは、人間と緑と産業が調和し、人間が主人公となる新しい〝人間都市〟である。

新二十五万都市は、こうした新しい発想のもとにつくられる都市である。まず広域的な都市計画、土地利用計画をつくり、住宅地区、工業地区、商業地区などを定め、道路、上下水道施設、公園、緑地帯などを先行的に整備する。工業地区には、インダストリアル・パークの手法で工業団地を先行的に造成し、公害防除施設も団地設計のさいにあらかじめ組込んでおく。住宅地区については、建ぺい率を一定とし、緑にかこまれた住宅群を建設する。このように、いままで自然発生的に形成されてきた都市のマイナス面を取除き、理想的な都市の形成をめざす。また新二十五万都市は、既存の地方都市に欠けている機能を持たなくてはならない。

第一は、地域開発の拠点として十分な都市機能を持つことである。その都市の住民だけでなく、周辺の農山村の人びとにたいしても情報、流通をはじめ、医療、教育、文化、娯楽などの機会を提供するため必要な施設を整備することである。具体的にいえば、学校、総合病院やコンサートホール、デパート、専門店街、映画館、ボーリング場などを大都市と同じようにワンセットそろえることである。

第二は、自ら発展しうるだけの産業経済活動を持つことである。公害のまったくない工業団地を中心に、銀行、デパートなどを持ち、日常の経済活動を活発に展開できる機能を確立しなくてはならない。

第三は、豊かな自然に恵まれ、地域に文化の光をともす役割を果すことである。欧米の地方都市は、太陽と緑に恵まれた環境のもとで美術館や劇場があり、大都市に劣らない高い水準の文化活動が行なわれている。しかも民族舞踊といい、演劇といい地方色豊かな地元の文化が育ち、住民もそれを郷土の誇りとしている。日本の地方都市にも、このような特色のある文化を育てたいと思う。そのためには、住宅、道路、上下水道などの都市施設整備と並行して、劇場、美術館などの文化施設もつくることである。

第四は、地元住民が親しい人間関係を持てるニューコミュニティーの新しい地域社会でなければならない。既成の住宅団地やニュータウンは、たしかに住宅不足を解消する役割は果してきた。しかし、隣近所との人間関係は、おおむね、まずしいものである。極端な場合は、つき合いもなく、主人どうしが名前も知らないケースさえあるという。その地域、その町の住民としての共同意識や連帯感もとぼしい。新二十五万都市は、そのような〝人間サバク〟であってはならない。新二十五万都市は、人びとがそこで気持ちよく暮し、働きがいがあり、ともに人生を楽しみ、親しくつき合い、地域社会の発展や国の将来を語り合えるニューコミュニティーであるべきである。隣近所の人たちが話し合える広場や、公園をつくり、また文化活動やスポーツを一緒にできる施設を設けることも必要である。さらに都市内の情報伝達メディアとして有線テレビ網を設置することも要請されてこよう。

インダストリー・キャピトル（特定産業首都）を育てる

新二十五万都市の一つの形として、近代的な成長産業の集積都市をつくることも考えられる。インダストリー・キャピトル（特定産業首都）というのは「その産業で日本一の集まり」を持っている産業都市のことである。先進国にはこのような都市が多い。アメリカでは自動車産業の首都はデトロイト、鉄鋼業はピッツバーグ、映画はハリウッド、電子工業はボストンを中心としたマサチューセッツ地域、航空機産業はカリフォルニアといった具合である。それぞれの特定産業首都には、その業種に関連した企業の本社があり、技術、デザインの研究所、教育、行政機関、金融、商取引機構もそこに集中している。重役や技術者など関係者も全部その地区に居住し、文化も豊かに育っている。

日本には厳密な意味で、このような特定産業首都はないが、将来の姿として、その具体化を考えたい。

たとえば、ある地域にインテリア産業の首都を建設するとした場合、インテリア産業に関係する国公立の技術研究所、試験所、展示場、ビジネスセンターなどをその都市に設ける。また技能者、デザイナーを養成する教育機関も配置する。行政機関や政府関係機関もインテリア産業に関係する部門は、全部ここに拠点を据えるから本省と変わらない情報収集や、行政手続きもできる。

こうした産業別首都を建設するにあたっては、大規模な行事を応用することも一案である。たとえば、建設予定地でまずインテリアの国際博覧会や見本市を開催し、世界の関心を集めるとともに、会場施設を常設の展示場や教育研究機関として利用していく。さらに定期的見本市や芸術展覧会をひらいて、国際的な交流や貿易取引をここで常時行なうようにすれば、インテリア関係の企業や技術者、デザイナーが容易にここに集まり、インテリア産業の首都を形成することになるであろう。

昭和五十年には沖縄の本部半島で沖縄国際海洋博覧会がひらかれる。この博覧会は「海——その望ましい未来」というテーマで会場には海水淡水化、地域冷暖房施設などの多目的火力発電プラント、レジャー部門を主体とする海上都市、海洋研修実験センターなどが建設される。海洋博を契機に沖縄に海洋開発の拠点を育てていきたい。

地方拠点都市の衣がえ

地方都市は、それぞれの地域社会の中核として集積を重ね、発展してきた。建設省は全国の地域社会を計画的に調整し、大都市周辺を除いて百六十四の地方生活圏に区分けしている。その規模は平均して面積で二千平方キロメートル、市町村数で十八、人口で四十万人となっている。この地方生活圏の中核となるのが、広域ブロック都市であり、県庁所在都市であり、地域生活の中心都市である。これら中核都市の機能の充実が、既成都市を中心とする地域開発の要《かなめ》になる。

札幌、仙台、金沢、広島、高松、福岡などの広域ブロック都市は、まず、地域における中核都市としての中枢管理機能を高めることが第一である。そのためには地方大学、総合病院をはじめ教育、医療、文化、娯楽の施設を整備しなければならない。

「情報化社会が、中央集権的な社会だ」と考えるのは誤まりである。むしろ行政上の許認可権限はできるだけ地方自治体におろし、また、地方自治体が中央と同じ量の情報を駆使する企画を自由に行なえるようにすべきである。中枢管理機能を高めるという観点からみると、広域ブロック都市に新規に導入する産業はシンクタンク、コンサルタント、調査研究機関、計算センターなどの情報産業やサービス産業が主体になるべきだろう。

また、広域ブロック都市のなかには、すでに小規模ながら過密現象を生じている都市もある。したがって、中心部の再開発や近郊地域の整備、モノレール、地下鉄など都市内交通や通勤交通網の整備も十分に行なわなければならない。青森、秋田、盛岡、山形、福島、新潟、甲府、富山など単独の県庁所在都市についてもほぼ同じ考え方ができる。

地方拠点都市は、個性豊かな伝統文化を維持し、新しい地方文化を育てるためのターミナルとしての役割を果さなければならない。伝統ある文化の保存、継承は、観光のためだけではなく、市民の郷土愛を深め、国民全体の財産ともなる。由緒ある史跡の保護や郷土芸能を保存するためには、国の援助をふやすほか、美術館、民芸館、資料館などを積極的に整えなければならない。市民の文化的な要求に応えて演劇ホール、コンサートホールなど文化施設の充実も必要になるだろう。

また、若い世代にとっても魅力のある地方拠点都市とするためには、近代的なショッピングセンターを充実し、アミューズメントセンターの整備も急がなければならない。

街路、下水道など生活基盤、都市基盤の整備のためには公共投資の重点的な投入を行なうべきである。現在、地方にたいする都市計画関連事業の一人あたり投資額は大都市の三分の一にすぎない。

地方生活圏の中心都市については、教育、医療、文化、娯楽の施設を整備し、周辺地域へのサービス機能を増大させるほか、周辺部にはインダストリアル・パークの手法で新しい工業団地をいくつか計画的に造成し、知識集約型業種を誘導することが必要である。

圏域内には、湖沼を利用したヨットハーバー、魚釣り場、キャンプ場、遊歩道、スキー場などのレクリエーションの場を設ける。リハビリテーション施設もつくりたい。

山紫水明の地に学園を

大学の地方分散は、大都市の過度集中を解消する有力な手段である。戦後の学制改革で各府県に大学が設置されるようになったが、大都市にある大学だけが名声と人材を集め、地方大学は足ぶみをつづけているのが実情である。現在わが国には約三百九十の大学があり、約百七十万人の大学生がいるが、そのうち東京には約百の大学があり、六十三万人の大学生が集中している。これが東京の人口集中に拍車をかけているのはいうまでもない。

これらの大学を地方の環境のよい都市へ分散し、学園都市としての機能を持たせるほか、新たに緑と太陽に恵まれた山紫水明の地に広大な敷地を確保して、学園都市を建設することも考えたい。

戦前は、ナンバースクールといわれる旧制高等学校が、仙台、金沢、熊本、岡山、鹿児島など

学園は山紫水明の地に―静岡県富士宮市の貿易研修センター（貿易大学）

地方の中都市にあり、豊かな個性と伝統を持った学風をつくって、地元の文化の向上に大きく貢献してきた。学生もその伝統にあこがれ、これらの高等学校に集中したものである。世界的に有名なケンブリッジ大学、オックスフォード大学も、ロンドンから汽車で一時間から一時間半の小都市にあり、大学だけで一つの学園都市を形成している。大学はどんな小都市にあっても、その内容が充実していれば、世界的な水準の教育の場となりうると思う。

当面、東京にある大学を地方に分散することが都市への人口の過度集中を緩和する一方法であるが、それと同時に、地方にある大学を特定の学問分野では全国の大学をリードすることができる特色のある大学に改めていきたい。その大学へいかなければ、ある特定分野では一流の教授陣との議論もできないし、満足な実験、研究もできないような仕組みができあがれば、東京の大学に学生が集中する弊害もある程度は除かれよう。

さらに環境のよい湖畔、山麓など山紫水明の地を全国に求め、広大な敷地を確保して学園都市を建設することも解決策の一つである。その学園都市には情報、交通のネットワークを整備し、いながらにして中央の最新の学術情報を入手できる施設を完備するほか、学生のための寄宿舎や図書館や運動場、娯楽施設も整え、学生が大自然のなかで健全な精神と健康な身体を養うことができるようにする。また教授陣が長年その地に定着して、研究活動がつづけられるように完備した住宅と研究施設も整備しなくてはならない。このように受入側の体制を整えてこそ、はじめて大学の地方分散も可能になる。

3　農工一体でよみがえる近代農村

農村の利益は都市の利益

巨大都市への産業、人口の過度集中によって農村から若者が減り、農村の発展のエネルギーは衰えようとしている。こうした日本農業に再生のレールを敷き、都市と農村がともに繁栄する条件をつくりだすことが日本列島改造の重要なテーマである。農業は、国民に一日も欠かすことのできない食糧を生産し、供給すると同時に、農民の所得の源泉である。農村は国民の食糧供給基地として、また、農民が働き、生きる場として楽しく、誇りうるものでなければならない。国民経済全体からみても、主要な食糧については、八〇%程度の自給率を維持することが必要である。

農業生産は自然条件に左右されやすい。こんごの世界に大戦争は起らないと想定しても、国民にたいする食糧の供給を大幅な輸入に頼る場合、第一に、輸出国が凶作のときには安定した供給が保証されない心配が残る。逆に輸出国が大豊作のときには、余剰農産物が大量に流入して自国の農業がかく乱される。食糧の需給と価格がつねに大きく変動するようでは、単に農業だけではなく、国民の生活も安定したものにならない。

第二に、農業生産は一度、縮小すると、それを回復するのに相当の困難と長い期間がかかる。農業はカネさえつぎ込めばすぐに生産があがるという性質の産業ではないからである。

戦後の日本経済の足どりをたどっても、食糧不足を脱し、食糧が自足できる段階にはいってから急速に発展した。世界では、いまなお食糧不足に悩んでいる国がすくなくない。発展途上国が工業化を急ぐあまり農業を軽視し、その結果、農業政策が破綻して工業化政策もゆきづまったというケースも多い。

戦後の農業政策にたいし、一部から「農業を手厚く保護しすぎる」との批判もあった。しかし、今日のわが国の繁栄は、戦後の苦しい時代に農村が米を供給しつづけたところに大きな原因がある。その意味で、これまでの農業政策は都市生活者の利益と対立したものでなかったと思う。

さらに、農業による土地利用は、自然を保護し、国土を災害から守り、国民全体の生活環境を維持するのに大きな役割を果していることを忘れてはならない。全国の広大な水田は、水をためて洪水を防ぎ、日本列島の気候をやわらげる。生産緑地を形成する田畑の作物は、酸素を生みだすとともに、人びとの気分を落着かせる。明治から百年間、激しい都市集中の流れのなかで、農村はつねに人びとの心のふるさとであり、魂の安息所であった。明治二百年の展望に立つとき、私たちは日本民族のつきない活力の源泉として、このような農村を守りつづけていかなければならない。

総合農政の意味するもの

今日のわが国の農業が歴史的な転換期に直面していることは、改めて指摘するまでもない。昭和四十三年以来、わが国の主要農産物である米は、供給の過剰現象が表面化し、減反せざるをえなくなっている。また経済の国際化にともなって、海外から農産物の輸入自由化の要求が強まっている。これに対応するためには日本農業の生産性を高め、外国の農業に対抗できるようにしなければならない。国内経済の面からみても、成長と拡大のテンポに合わせて農業所得を二、三次産業なみに引きあげることが必要である。そうしなければ農業は後継者を失ない、食糧基地としての農村は崩壊する。わが国が本格的な総合農政の展開を急がねばならないのは、こうした理由からである。

わが国にたいし農産物の自由化をもっとも強く主張しているのはアメリカである。アメリカの貿易収支は、工業製品の国際競争力の低下を主因に悪化し、それが海外投資などによるドル流出と重なってドルの弱体化を招き、昭和四十六年末の国際通貨調整の原因となった。しかし、アメリカの農産物の国際競争力は強力であり、貿易に占める農産物輸出の比重も高い。これにたいしてわが国の農産物価格は割高であり、米ですら二、三倍の高値を示している。ある計算によると、わが国の稲作はヘクタールあたり労働時間千三百時間、生産量四千三百キログラムで、一時間あたり三・三キログラムの生産性である。アメリカの四十時間、四千キログラム、一時間あたり百キログラムとくらべると日本の稲作は三十分の一の生産性しかないという。まして小麦、大豆、ナタネなどが太刀打ちできないのは当然である。日米貿易交渉では、オレンジ、牛肉などの自由化が焦点となったことは記憶に新しい。こうした国際情勢からみて農産物の輸入枠の拡大、漸進的な自由化は避けがたい。

四十六年度の農業白書によると、わが国の全国農家の一戸あたりの年間総所得は百五十九万六千円であった。しかし、このうち農業所得は五十万八千円にすぎない。出かせぎなどを中心とする農外所得のほうが八十九万八千円もあり、総所得の五六・三％を占めている。農家の総所得の半分以上が本業以外からの所得というわけだ。農業所得についてみれば、製造業の一日あたりの賃金（常用労働者五人以上平均）にたいする農業所得（全国平均）の水準は六一％である。昭和四十二年度では、製造業の一日あたりの賃金と農業所得の割合は八七％となって、かなり接近した。ところが、その年をピークに農工の生産性格差がふたたび拡大し、それを反映して所得格差もひらきつつある。

これからの経済成長によって、わが国の一人あたりの国民所得は昭和六十年をまたずに現在のアメリカの水準を上回ることが予想されている。果してわが国の農業がこれを追って所得をふやすことができるかどうか。また、農業所得を引きあげるためにはどうすればよいか。農業政策はそれに答えなければならない。

経営規模の大型化が必要

限られた土地条件を前提にして、農業で高い生産性と高い所得を確保するためには、少数精鋭による経営の大規模化、機械化が必要である。その過程で農業人口の大幅な減少は避けられない。昭和四十六年の農業就業人口は七百六十八万人で、全就業人口の一五・九％であった。昭和六十年にはこの十分の一にまで減少すると予想する学者さえもいる。現在でも農業就業人口の三分の二が老人と婦人で若者はすくない。新規学卒者の農業就業は昭和四十三年に四万八千人、四十四年四万二千人、四十五年三万七千人、四十六年三万二千人と減りつづけている。わが国では明治初年から昭和二十七年まで毎年およそ四十万人の青年男女が新しく農業に参加し、五百数十万戸から六百万戸前後の農家数を支えてきた。ところがいまでは農業の後継者たちはかつての十分の一を下回りつつあるのが実情である。

農業一時間あたりの家族労働報酬は二百円から四百円だ、といわれる。他産業なみに年間をつうじて二千時間働くとすれば、年収は四十万円から八十万円である。将来、農村婦人が農業以外の仕事で年収百万円を期待できるようになれば、兼業農家は音を立てて姿を消していくであろう。

食糧自給率一〇〇％を確保し、膨大な農産物を輸出しているアメリカでは、農業就業人口率は三・五％である。わが国の産業構造が一段と高度化し、一人あたりの国民所得が現在のアメリカを上回るような段階になれば、わが国の農業就業人口比率もアメリカ程度の水準まで低下することは自然の流れである。

こうした農業人口の減少に対応しながら、農業が国民にたいし食糧の安定した供給をつづけるためには、農業の経営規模を拡大し、機械化を本格的に導入して、資本集約的な農業をすすめ、農業の生産性を向上させる以外にない。そのためには二つの角度からの政策が必要である。一つは、農業からはみでてくる労働力をどこでどのように吸収するか。いま一つは、農業自体の問題として経営規模の拡大、機械化をどのようにして可能にするかである。農業から流出する労働力については、すでに「工業再配置」の項で述べたとおり地元で吸収するのが第一である。地方に工業を分散、これを先兵にして地方都市を育成し、三次産業を発展させると同時に、これらと一次産業を結びつけるのが、その大道である。地方に工業団地ができ、あるいは一村一工場の形で工業が進出すれば、余剰人口を地元で吸収できる。農工一体化は農業の生産性を高め、その近代化を誘導するテコとなる。

一方、これからの農業経営はどう展開したらいいだろうか。所得と生活水準の向上によって、国民の食生活は将来ますます高度化し、多様化する。穀類の消費は減り、肉や卵、牛乳、バター、くだもの、それにトマト、レタスなど西洋野菜の需要がふえてくるであろう。

そのためには、とくに山地の開発をすすめ、広大な草地造成に力をそそぐことが必要である。スウェーデン、カナダの国民一人あたり穀物消費量は日本の半分以下であり、アメリカはそれよりもさらにすくない。こうした傾向からみて、わが国のこんごの農業生産は、国内需要の変化に対応して、畜産や果樹部門に重点をおいた選択的な拡大をはからなければならない。水稲中心の農業から畜産を中心にした農業への転換は、避けられない時代の要請である。これによって大量の肉、乳製品を国民に供給し、増大する飼料輸入を減らし、農業の生産性を高め、農民の所得をふやす道をひらくことができる。

昭和四十六年現在のわが国の既耕地面積は五百七十四万ヘクタールである。こんご、耕地面積がある程度減少するとしても、用地面積が相対的にすくなくてすむ装置型の畜産や施設園芸の比重が高まり、他産業に農業就業人口が大幅に移動すれば、農民一人あたりの耕地面積は飛躍的に拡大されよう。

しかし、分散した零細な土地所有や高い地価からみて、現状のままでは経営規模の拡大は困難である。こんごの大規模な資本集約的農業経営は、協業、請負、賃耕、賃借などの形態をとらざるをえない。

高生産性農業のカギは土地基盤整備に

このためには、まず全国と各地域における総合的な土地利用計画を確立することである。現在の農地から道路、宅地、工業用地などに転換する面積を決め、科学と技術の総力をあげて、農地、宅地、工業用地、緑地などと、これらを合理的に結ぶ道路、鉄道、空港などの理想的な配置計画をたて、必要な区域を国が先行取得する。そして転用地を差引いた農地を〝永久農地〟に確定し、財政援助によって集中的な土地基盤整備を行なうのである。

わが国の鉄鋼、造船、化繊など二次産業の国際競争力が圧倒的に強いのは、果敢な設備投資と技術革新の成果である。工業でやれたことが農業でできないはずはない。高能率、高性能の日本農業の誕生は土地基盤整備の成否にかかっているとさえいえよう。

土地基盤整備は、水田だけではなく畑についても行ない、平坦地の畑で輪作の一環として水稲も作付けできるようにする。一区画は、大型農機を使いやすくするために一～三ヘクタールとし、かんがいはパイプあるいはスプリンクラー方式をとる。かんがい時間や水量はコンピューターで制御する。排水は水位を地下一メートル以下に下げ、合理的な輪作をやりやすくするなどが考えられよう。

このような農工一体化と農業経営の大規模化を実現するためには、自作農の既得権を尊重しながら、現行農地法の廃止をはじめとして、既存制度の再検討と改革をしなければならない。同時に、優良農地を保全し、財政の援助によって改良された農地を農地以外に転用することを規制するため、新しい観点から必要な立法を行ない、農地法の廃止にともなう弊害を取除くことが必要である。

こうした総合的な政策の実施によって、高生産性の農業を実現すれば、食糧品のコストは大幅に引下げられることが十分に可能であり、わが国農業の国際競争力を強化することができる。また農業所得は二、三次産業と並ぶ高水準を達成できよう。それは農業に従事する人も、農業から離れる人も、ともに豊かな生活を楽しむことができることを意味する。

集落再編成と新農山漁村計画

農村にコンピューターが導入されようとする時代においては、数百年このかたつづいてきた伝統的な農村集落の姿も変わらざるをえない。

昔の農山漁村では、生まれた村で生涯のほとんどを暮す人もまれではなかった。ところが、いまでは一家の何人かが毎日、町に通う兼業農家がふえ、半年も一年も都会ですごす出かせぎ農民も多い。チャンネル一つで茶の間のテレビが都会の生活を映しだすようになった。全国的な都市化の進行によって、農民の生活様式や生活意識も昔の伝統的なものから都市的なものに変わりつつある。農村から若者が離れ、農家に嫁のきてがないというのは、経済的な理由や労働条件だけでなく、自分のまわりにくらべて都会のほうがすべて便利だし、華やかでスマートにみえるからである。

若者が農村にとどまり、結婚し、子どもを産んで、農村地域が繁栄するためには、人びとが農山漁村で都市と同様の文化を楽しみ、都市施設の便益を受けられるようにすることである。さらに農村住民が人間性にあふれるコミュニティーを形成し、そこで自分たちの文化を創造できる地盤をつくることである。

そのためには都市での「都市計画」に対応する「農山漁村計画」をたて、地域の実情と住民の希望を結集して、新しい町村づくりをすすめなければならない。

私が描く理想的な農村像はたとえば次のようなものである。

農業の経営規模、耕地単位は大型化する。選果場、精米所、製粉所では新鋭機械が動く。荷受けから包装までオートメーション化され、トラックが新鮮な農産物を運びだす。村の一角には食品の加工や冷凍工場があり、農機具の修理工場もある。商店街もできる。建ち並んだ住宅は明るく清潔で、上下水道や水洗便所が整備されている。バスに一時間もゆられて町へいかなくとも、近くに診療所、病院があるから心配はない。働く婦人のためには託児所が子供をあずかる。文化センターでは老人たちが若者に郷土芸能を教える声が聞える。祭りが近いのだ。隣りの体育館ではバレーボールに興じる主婦や若者たちの姿が見える。そのなかには近くのインダストリアル・パークに働く青年の顔もみられる。

地方都市に住み、毎朝、農場に通勤してくる人もいる。都市と農場とを結ぶ広い舗装道路ができたから通勤農業もぐっと楽になった。農村は地方都市圏の一環に組込まれ、あるいは交通機関、通信施設で地方都市と結びつく。その地方都市からは日帰りで東京や大阪にいける。農村に住んでいても好きなときに気楽に旅行を楽しめる。大都会の高級品もファッションもすぐに農村にはいってくる。この過程で、過疎のなかにとり残された集落は再編成され、新しい近代農村としてよみがえる。

このようにして都市と農村は一体化し、そのときはじめて都市と農村は共存し、共栄することができよう。

農業の健全な第三次産業化

国民の所得がふえて生活水準が向上し、週休二日制などの採用によって、労働時間が短くなってくると、余暇をどのように活用するかが人びとの大きな関心の的になる。とくに、大都市に住む人びとのあいだでは、休日になると鉄やセメントの町を離れ、太陽と土と緑、きれいな水と空気を求めて自然に遊び、暮しのうるおいと明日への活力を養いたいという欲求がますます高まるであろう。

農村地域は、食糧生産の場、農民の生活の場としての役割のほかに、国民全体の憩いの場としての役割がいっそう強く要請されてくる。これに応えるためには、全国各地の山や森、湖、海岸などと農村を一体とする総合的な自然のレクリエーション体系を確立しなければならない。最近では、農業の第三次産業化という新しい動きも芽ばえてきた。農村に趣味のための農園団地をつくって、これを都市住民に貸し、都市住民は休日ごとに泊り込みで土いじりを楽しむというプランもその一つである。農園の近くには牧場があり、釣り堀やゴルフ場も配置されることとなろう。農業の健康な第三次産業化は、農民に新しい収入の機会を与えると同時に、都市住民を土と緑に結びつけ、人間回復の時間をもたらすであろう。また、社会全体としては、都市と農村の融和をすすめると思う。この場合、ぜひとも配慮したいのは、自然を無計画、不必要に破壊したり、農村を低俗なレジャー地にしないことである。

4　平面都市から立体都市へ

都市改造と地方開発は同義語

〝古家の修繕〟といえば、昔からむずかしいもののひとつに数えられている。古くなった家屋をいながらにして全面改修するよりも、別に家を新築して移転したほうが手間もかからず、安あがりのことが多い。まして、数百年にわたって築きあげられてきた都市の構造を変えるとなると容易ではない。ある専門家がはじきだしたところでは、東京を全面改造する場合と、東京と同じ都市を別につくる場合をくらべると、別に建設するほうがコストが二十分の一ですむという。改造しようとする都市が膨張の途上にあるときには、問題はいっそう厄介である。

イギリスのバーミンガム市はロンドンとリバプールの中間にある産炭地で、全盛時代には活気にあふれる都市だった。しかし、石炭がエネルギーの主役を追われるとともに、バーミンガムの町も火が消えたようにひっそりとなった。イギリス政府はバーミンガム・百二十万人都市の再開発を企てたが、長年かかっても思うようにすすまなかった。そして、このまま放っておけば人口が急減し、ゴーストタウンになると危ぶむ声が強くなったときに、必要用地の七〇％の買取りに成功、ようやく本格的な再開発に乗りだすことができた。バーミンガム再開発は現在も進行中である。

ソ連は首都モスクワの人口規模を早くから五百万人と決めていたが、第二次大戦後、モスクワの人口は六百万人を突破、過密現象が表面化した。そこでソ連はロンドンのニュータウン計画などを参考にしてモスクワ郊外に八つの衛星都市をつくる計画をたてた。しかし、計画は順調に進展せず、一九六〇年には結局、モスクワ市域と人口規模の拡大を認めざるをえなくなった。これは先進自由諸国のなかで社会主義的な計画性を広範に取りいれているイギリスにおいても、また、社会主義国として土地を含む生産手段を国有化しているソ連においてすら、既成都市の改造がたやすくないことを示しているといえよう。

ブラジルは大胆な構想力と実行力によって、未開の天地に〝太陽、緑、静けさ〟の町・ブラジリアを建設し、リオデジャネイロから首都を移した。いわば古家の修繕ではなく、新築、移転のケースである。この理想都市ブラジリアは、いずれ真価を発揮する日がやってくるに違いない。しかし、こうした計画は、人口が五十万人に達するまで何十年かかってもよいという、のんびりとした社会的、経済的風土だからこそ成立つ。わが国の大都市圏はわずか一年でブラジリアの総人口を呑み込むくらいの早いテンポで膨張をつづけているのである。

都市の改造は、その都市にいまより以上の人口が集まらないという状態を別につくらなければ効果がすくない。目先の過密現象だけにとらわれて、対症療法を繰り返していたのでは、再開発と再集中の悪循環に陥る。都市の再開発にカネをつぎ込めばつぎ込むほど地方との格差は大きくなり、改良された都市をめざして地方から人口が流入する。その結果、都市の公害も交通難も水や住宅の不足もいっこうに解消しない。この悪循環を断つためには、地方に産業や人口が定着し、それぞれの地域経済が自転していくような仕組みが必要である。その意味で都市改造と地方開発とは同義語である。

都市空間と能率と

都市を改造する場合は、住民の安全と快適な生活環境の確保を最優先に考えなければならない。住民の生命が危険にさらされない環境をつくることが最低限の条件である。災害対策としては耐震、不燃化建築を推進し、避難用の安全地帯を十分に取らなければならない。交通事故を減らすためには、道路の幅を広げ、車道、歩道の分離を徹底的にすすめることである。住民の健康を守るためには、公害を取除き、狭い住宅を建て替え、スラムを解消し、上下水道やゴミの処理施設を十分に整備しなければならない。公園や緑地は憩いの場所であるとともに、都市の防災能力を強化するにも役立つ。保育所、遊び場、図書館、博物館、スポーツ、レクリエーション施設などへの要請も強い。

都市における生活費の高騰を押えることも都市改造の重要なテーマである。都市は安全、快適であるだけではなく、業務能率が高く、経済的、社会的コストが安くなければならない。カネ、時間、労力のロスをすくなくするために職住近接が好ましいことはいうまでもない。

大都市は再開発で立体化する（新宿副都心）

ところで、道路の拡張や、公園、緑地づくりにしても、住宅の建設にしても、そのすべてにオープン・スペース（空間）が必要である。東京、大阪の道路率をニューヨークなみにしようとすれば、すべての道路幅を三倍にしなければならない。公園は十倍以上に広げなければ追いつかない。そして業務能率を高め、経済的、社会的コストを安くするには、都市はコンパクトでなければならない。こうした要請を同時に満たすには、平面都市を立体都市に改造するほかはないのである。

都市をコンパクトにすることによって生じる大きなメリットの一つは、新技術を取りいれた都市装置の導入がしやすくなることだ。集中冷暖房もその一つである。冷房は配管距離が長ければ、配管コストがかさむだけではなく、途中の熱ロスによってせっかく冷やした気体や液体の温度があがり、冷却効果が落ちる。配管や配線の距離が短ければ集中冷暖房ばかりではなく、エアシューターなどを使った郵便物の集配、新聞の配達、有線テレビ、テレビ電話など有線情報網の形成、上下水道や廃棄物処理システムなどの整備も楽になる。省力化、大量処理によって都市コストは低減し、都市生活は快適になる。

それでは都市の立体化はどうすればできるのだろうか。都市内の主要地域を高層化によって再開発する一方、近郊地域を先行的に開発し、スプロールによって都市が無秩序に膨張することを食いとめるのである。

東京、大阪などの大都市を頭におきながら、そのやり方をわかりやすく説明してみたい。まず、都市全域の都市計画と土地利用計画をたてる。土地利用計画では、地区の用途を明確にし、各地区に適した容積率、道路率、空地率などを決める。大都市では、とくに低層建築を制限し、高層化のための容積率を設定する。そして、地域を指定し、区画整理によって再開発をすすめるのである。十年とか十五年とか一定の期限を切って高層建築に建て替えてもらうわけである。

この低層建築制限というのが政策発想の転換なのである。都市のなかを走る自動車は最高速度を制限されているが、高速道路では最低速度を規制する。低層建築制限も同じ発想である。わが国の建築基準法は三十一メートル以上の建物は原則として禁止していた。これを逆にして、たとえば、指定地域内では二十メートル（七階）以下の建物は建ててはならないと変えるわけである。

容積を制限して高さをあげれば、その分だけ空地ができる。大都市でも立体換地によって公共用地が生みだせる。ただ、小さな敷地面積ごとにやればローソクのように細く長いビルが乱立し、これからのビルに欠かせない地下駐車場もつくれなくなる。高層化は街区単位ですすめるのが理想的だが、街区単位ではできないところもある。そうした場合を考えて最低敷地面積を制限するのも一案である。

「都市開発公団」構想による都市開発

建物の高さ、容積率、最低敷地面積を規制しても民間の参加と協力がなければ都市改造はできない。国や自治体がいくらカネを注ぎ込んでも東京や大阪の再開発に必要な土地をそっくり買収するのは不可能である。そこで区画整理は民間を主体とし、国や自治体は財政、税制、金融などを総動員して民間のエネルギーを誘導する。そのため都市開発公団をつくる。また住宅公団や住宅金融公庫にもフルに活躍してもらうことになるだろう。

たとえば、高層建物へ改築するために必要なら長期低利の資金を融資する。もちろん自己資金があれば結構だし、民間金融機関から調達するのも自由だ。高層化した建物の四階以上の住宅に使う分については固定資産税を永久に減免する。これは高層化すれば一階ごとに建築単価が高くなるし、高層部分を住宅に供すれば住宅不足の解消に役立つからである。さらに建て替えのために一時、立ちのく人びとには公営住宅を提供する。そのまま住みついてもよく、改築後、戻ってきてもよい。「高層化のためにカネを貸す」、「税金をまける」、「立ちのき先を提供する」、「その代りに区画整理の期限までに改築してください」というのだからわかりやすいと思う。そして、区画整理の期限が切れても民間が実行できないときには都市開発公団が代行する。こういう方法でやれば大都市の再開発は可能である。

近郊開発でスプロール防ぐ

一方、都市対策のもう一つの重要な課題は、近郊への無秩序な住宅の拡大、スプロール現象にどのように対応するかである。欧米の都市は市街地の区切りが比較的はっきりしていて、大都市でも車でしばらく走れば住宅が途切れ、緑がひらけてくるのが普通である。これにたいして東京、大阪などわが国の大都市は二十キロメートルも三十キロメートルも建物の切れ目がない。低く薄く近郊に拡散している。

欧州では、土地利用計画による用途地区が明確なうえ、電気会社もガス会社も市街地から離れた採算の合わないところへは、なかなか供給を承知しない。冬はしばしば、猛寒波が襲うので本格的な暖房なしの住宅では耐えられない。住宅は無秩序に広がらないわけである。

ところが、わが国では市街地の開発が地価の動向に引きまわされたため計画的な方向を与えられなかった。電気もガスも法律によって供給を義務づけられているので畑の真中に一軒家を建てても、はじめ、しばらくがまんすれば必要な都市施設は整う。家数が十軒になり、二十軒にふえれば、公共の責任の名のもとに、道路も橋も下水道も建設される。山林も農地も容易に宅地に転じるから市街地、可建築地という観念が一般に薄い。こうして地価に応じ、交通機関にそって都市が拡大する結果、職場と住宅は遠くなり、業務効率は低下し、都市の経済的、社会的コストは高くなる。そして、職住遠隔化にともなう通勤圏の拡大を支えているのが、世界にも例のないほど大幅な鉄道運賃の割引き、つまり通勤・通学割引定期券という仕組みなのである。

大都市近郊の無秩序な拡大に対応するためには、高層共同住宅を中心とした新住宅地の開発を計画的にすすめなければならない。新たに市街化される地域では、土地利用計画を明確にしたうえで、市街地として必要な道路率、空地率を決め、道路、上下水道などの基幹的な施設を先行的に整備する。同時に、開発者にたいしては、道路、下水道などの一定基準による基盤整備を建築許可の必要条件とするのである。

土地の所有者が土地を宅地として譲渡し、利用する場合には区画整理を義務づけ、開発業者には開発許可制を適用する。違反建築にたいしては電気、ガス、水道、電話など新規の敷設を禁止する。

日比谷公園なみの広場はいたるところにつくれる

立体化した都市の町なみは

立体化したときに都市の町なみはどうなるだろうか。手近な例を商店街にとってみよう。現在、表通りに面して二階建てぐらいの商店が建ち並び、その裏にモルタル建築がぎっしり建っているという風景は都市のいたるところに見られる。これが高層化すれば、敷地の奥につうじる道路や緑地、ゆったりした広場がいくつもできる。太陽の光も人通りも奥まではいり込むし、子供が安心して遊べる。あるいは、新しい商店や事務所もできて、街の商売の規模が大きくなるかもしれない。

平均一・七階の高さの建物を十七階にすれば九倍の空地ができる。工業再配置計画では首都圏の既成市街地と近畿圏の既成都市区域にある二万ヘクタールの工業用地を昭和六十年までに半分程度に減らす予定である。東京の日比谷公園は広さ十六ヘクタール弱である。工業再配置と都市の立体化によって日比谷公園なみの広場を東京や大阪のいたるところにつくれるわけである。

大小の広場には花壇や噴水を置くのもいい。緑のプロムナードやしゃれたショッピング通りも悪くない。広場を中心に図書館、美術館、博物館、工房、アトリエなどもできよう。芸術、教育、技術、医学などについての研究会、見学会、会議が毎日のようにどこかでひらかれ、国内はもちろん海外からもたくさんの人びとが参加する。広場の木蔭で、都市の人びとは失われつつあるお互いの精神的なつながりを取戻し、精神的な荒廃を招いているアスファルト・ジャングルは人びとの交歓の場に変わる。オフィス、ショッピングセンター、広場、住宅のあいだを地下鉄やモノレールが結ぶ。ところによっては、軌道の上をコンピューターで制御されて走るCVS（コンピューター・コントロールド・ビークルズ・システム）も建設されよう。人びとはボタン一つで本を読みながら目的地にいける。私はこういう町なみをつくりたい。

都市の立体化は建物の高層化それ自体が目的ではない。高層化によって生じる空間を公共の福祉のため活用するところに最大の目的がある。貴重な都市の空間は空中も地下もフルに利用しなければならない。

地下利用についていえば、これからの都市には大規模な地下道や地下共同溝の整備が必要である。ナポレオンが残したパリの地下下水道は有名だが、わが国でも本格的な地下共同溝なしに都市の立体化は考えられない。

電話、電気、ガス、上下水道などはもちろん、集中冷暖房や有線テレビもすべて地下共同溝で配管できる。ダストシュートで降りてくるゴミもすべて地下で集めることが可能である。また、そうしなければ急増するゴミを処理できなくなる。地下道からエアシューターで郵便や新聞を配達することも不可能ではない。ガスや水道工事のたびごとにいちいち掘返さなくてすむし、公共負担も軽くなる。地上から電柱、架線が姿を消すだけで、道路は広くなり、街はすがしさを取戻すだろう。

都市を立体化するためには道路を広くとらなければならない。現在のように道路の中心線から二メートルさがったところを建築線とするといった基準ではなく、いちばんせまい道路でも片側四メートル、合わせて八メートルはとる必要がある。交差点の建物は、道路半径を基準に後退させる。これは見通しをよくするだけではなく、車の混雑を防ぐことにもなる。

さらに都市の道路建設についてシカゴの例をあげたい。シカゴでは郵便局の建物の真中をハイウェイがぶち抜いている。木造建築なら取り払って道路をつくることもできるが、高層ビルではそう簡単にはいかない。わが国でも一つだけ同じ例がある。朝日新聞大阪本社ビルである。阪神道路公団が大阪市内の再開発にあたって朝日新聞社の首脳を説得した結果、実現したものである。しかし、これからはこうしたケースがもっと広く理解されてよい。現に、鉄道の場合には駅ビルが建ち、私鉄の多くはビルが発着駅である。道路がそうであっても不思議はない。

都市改造で解決を求められている問題に交通難の緩和がある。その基本は都市交通を用途に応じて体系的に整備することである。大勢の人を運ぶ通勤・通学交通は国鉄、私鉄、地下鉄が中心となる。とくに大都市内の交通は地下鉄を主力にするのが合理的である。地下鉄は、一時間に片道五、六万の人を運べる大量高速輸送機関であるからだ。国鉄、私鉄と地下鉄との相互乗入れで、放射状の高速鉄道を整備し、住宅地と都心、副都心を直接、結びつけることである。都心では密接な地下鉄網を張りめぐらさなければならない。運輸省の計算では、一時間で片道五万人の通勤者を乗用車で運ぶとすれば、およそ二百メートルの道幅が必要だという。夢のような話である。とてもできることではない。

モノレールは地下鉄よりも輸送密度がやや低い環状交通などに使えば、空間を活用できるメリットがある。最近では仙台、静岡、北九州など地方中核都市でバスに代る交通機関として着目されつつある。

CVSは団地から国鉄、私鉄、地下鉄の駅、ショッピングセンター、学校などを結び、乗客が希望するところにいける乗用車のメリットと、専用軌道のうえを制御されて走る鉄道のメリットをあわせ持つ〝自動タクシー〟ともいうべき交通機関として人びとに親しまれるだろう。将来の交通機関として開発していきたい。

5　住宅問題をとくカギ

ライフサイクルに合った住宅政策

住宅政策の第一歩は、真面目に働く人びとのだれでもが快適な家に住めるようにすることである。

また、若い時代は、機動性のある生活を望むから庭つきの持家よりは賃貸のアパートに両親と離れて住む。金に余裕のできてくる中年になると自分の家を構え、年老いた両親を迎える。このような生活サイクルを円滑に支える住宅政策が必要である。

地価の高いわが国では、住宅問題と土地問題は切離せない。すこしぐらい貯蓄しても家は手にはいらないと嘆くのは、土地を買うために多額の資金が要るからである。土地さえ手にはいれば、なんとか家を建てることのできる人びとが多い。

産業、人口が過度に集中している大都市圏では、限られた土地に需要が集中するので、土地の需給関係が極端に不均衡になっている。放っておいても地価が上昇するから、土地は生活や生産のための利用を離れて、投機資産となり、地主は土地を売り惜しむのが現状である。社会、公共に土地を提供しない者が地価上昇によってしばしば大きな利益をえている例が多い。庶民のマイホームの夢は遠くなるばかりである。四十六年の東京、大阪、名古屋の三大都市圏における住宅建設は、前年にくらべて四万戸も減った。不況の影響もあろうが、なんといっても元凶は大都市圏の地価の高騰である。

土地利用は公共優先

土地は、生産できず移動もできない。供給の限られた土地は、国民全体の富と福祉の増大に役立つよう有効に利用しなければならない。そのためには、土地利用について私権よりも公共の福祉を優先させることが大切である。個人の土地所有権が個人の財産として尊重されるのは当然だが、土地のうえに個人と公共の利用が競合する場合、公共の利用が個人の利用に優先すべきことは論をまたない。

土地を有効に利用し、地価の騰貴を防ぐためには、まず、国土総合開発法を改正し、全国的な規模の土地利用計画をたてることである。

同時に、都市に集中した産業、人口を地方に分散して過疎の解消、土地の需給の平準化をはかることが基本にならなければならない。

土地利用計画は、単なる色分け計画ではなく、規制力をもって確定する必要がある。全国と各地域を有機的、体系的につかみ、国および自治体が農地、緑地などの保全地域を明確にするとともに市街化区域では工業、商業、住宅など用途別地区をきめこまかく指定する。そして住宅、交通を立体化するなど適正な土地利用を指導し、また、スプロール、土地細分化を規制する。こうして投機的な土地保有などを防ぐのである。

産業と人口を地方に分散するとともに、都市の立体化によって住宅をふやせば、全国の地価をリードしている大都市の地価も落着いてくるであろう。また、地方に分散した人びとは、大都市よりも安い土地を手に入れ、そこに自分の家を建てて定着する。このような相乗作用によって地価の動きを落着かせたい。

土地利用計画の確定、地方分散による土地需給の平準化が地価安定の基本である。国や地方自治体が土地を先行取得して、大量の宅地を生み出し、安い価格で住宅を供給する仕組みについても検討が必要である。

スウェーデンのストックホルム市を例にとると、一九〇四年から土地を買いはじめ、現在ではストックホルム市域の二・五倍にあたる五万ヘクタールを市の内外に持っている。

イタリアには「労働者向け低廉住宅建設用敷地の取得を助成する法律」（一九六二年）というのがある。人口五万人以上の市町村に低廉住宅用地、公園、その他の社会的サービス地域計画の作成を義務づけ、この計画に含まれる地域の土地は十年間、その処分を凍結する。そして市町村は凍結地の半分を強制収用によって取得することができる。あとの半分は、国、州、県、庶民住宅協会が必要な場合、それぞれが取得できる仕組みになっている。収用価格は時価評価額と十年間の賃貸料総額の平均で、おおむね時価の五割から七割五分見当ですむ、という。

住宅政策の例として西ドイツとイギリスをあげてみたい。

第二次大戦で破壊された西ドイツは、すでに一九六〇年代の初期には住宅の量の問題を解決し、そのごは、質の充実期にはいっている。

西ドイツがとった住宅政策は、住宅建設の主体を民間に置き、国や公共団体が財政、金融、税制にいたれりつくせりの支援をする方式である。

まず、住宅貯蓄にたいして所得税軽減などの手厚い恩典を与えたのを皮切りに、金融面では、各州が実施している無利子の住宅金融制度がある。これは毎年の返済額がわずか一%であり、しかも借り手が繰上げ返済すると元本の過半を切捨て、返さなくてもよいのである。

民間主体の住宅政策の結果、西ドイツでは国が直接、公共住宅を建てることはほとんどなく、全住宅戸数のわずか二%だ、という。

西ドイツと対照的に政府が住宅建設の主役をになってきたのがイギリスである。第二次大戦後、一九七〇年までに七百四十四万二千戸の住宅が建設されたが、その内訳は公共住宅五七%、民間住宅四三%で、公共住宅が民間を上回っている。

とくに、イギリスの住宅政策のなかで注目されるのは、困窮者にたいし政府が家賃を補給しようとしていることである。民営貸家、公共貸家について適正な家賃水準（公正家賃）を設定し、住人の家族数や所得を基準にして、家賃の負担があまり重くならないように政府が補給する仕組みである。

たとえば、夫婦、子供三人の五人家族が週家賃四千円（公正家賃基準）の家に住む場合、週あたりの所得が一万三千円なら実際にその一家が支払う家賃は六百円でよい。週あたり所得が一万円に下がれば家賃は払わなくてすむ。

政府は、この割引分を、地方自治体が建てた住宅の場合には地方自治体に補助し、民営住宅なら借家人に補助することにしている。

このような海外の例も参考にしながら、わが国の実情に合った土地・住宅政策を大胆に打出していかなければならない。

国、地方自治体がこんご社会資本を整備するためには大量の土地が必要である。しかし、この土地をすべて現金補償のみで取得しようとすれば財政的な限界がある。また、巨額の土地補償支出がインフレを招く恐れもある。

そのため土地の取得を単年度会計で処理するのではなく、長期財政計画にもとづく交付公債によって土地の対価を支払う方法を検討しなければならない。その場合には、公社債の流通市場を整備して交付公債が一定の条件下で現金化できるようにする必要がある。また、厚生年金、国民年金などの積立金を地方公共団体に貸付け、公共用地、宅地などの先行取得財源に活用することも検討したい。

土地の賃貸方式も

また、国、地方公共団体の土地の取得にあたっては、必ずしも買収を主体とせずに、地代による借入れ方式も実情に応じてもっと活用してよい。

民間の大口工場用地では、那須（栃木県）黒磯市にあるブリヂストンタイヤ・栃木工場が賃借方式をとっている。この工場用地は五十万平方メートルで、契約期間は六十年、地代は三・三平方メートルあたり月二十円で、三年目ごとに、その土地の固定資産税や相続税の評価額などを参考にしながら会社と地主が地代を協議することになっているという。

ブリヂストンタイヤ・栃木工場の敷地は、もと農地が七割、あとのほとんどは山林で、若干の宅地もあった。ところが、那須はかつて開拓地であっただけに、地主である農民は祖父や父が汗水たらして開墾した土地を手放したがらない。そこで賃借方式をとることになったもので、黒磯市長が立会人となって四十五年四月に会社と二十八人の地主とが正式に契約した。地主である農民にとっては、土地の所有権はあくまで自分たちの手にあるので先祖に顔向けできる。また、その土地を使って農業を営んだ場合にくらべても悪くない収入（それを基準に地代を決めた）がえられる。さらに、会社にとっては、まとまった工業用地を円滑に手に入れることができたし、一度に膨大な買収費を払わなくてすんだわけである。

都市再開発と住宅問題については、ニューヨークに学ぶべき例がある。ニューヨークの不良街区の改良では、公社が不良街区を全面買収し、住宅には一時立ちのき先の住宅を提供する。買収した不良街区は取りこわして土地を整備し、民間の開発業者に払い下げる。民間の開発業者は不良街区の跡地に新しい高層住宅を建てて貸すのだが、その家賃が安いのである。というのは、公社があらかじめ家賃から逆算して、民間開発業者が採算のとれる安い価格で土地を払い下げるからである。公社は赤字になるが、その赤字を連邦政府が三分の二、市当局が三分の一の割合で補助金をだして埋める。

わが国でも地価の高騰から公団住宅の家賃があがり、入居できない人たちがでている実情を考えると、ニューヨーク方式も検討に値すると思う。

住宅公団に国有地を賃貸する方式も工夫してみたい。工業再配置・産炭地域振興公団が買取る移転工場の跡地のなかで、住宅建設に適する土地があれば国に肩替りして国有地にし住宅公団に賃貸するといった仕組みも考えられよう。住宅公団は地代だけ国に払えば多額の土地買収費なしに土地が手にはいるから安い家賃で住宅を貸せることになろう。

Ⅵ

禁止と誘導と

日本列島改造の処方箋－3

1　自動車重量税でトクするのはだれか

工業再配置や社会資本の徹底的な充実を中心とする新しい国づくりは、大量の資金投入と思い切った創意や工夫をこらすことによって、はじめて可能となる。この資金と創意、工夫を生みだすためには、既存の制度や法律にとらわれることなく、大胆な発想に立たなければならない。明治から百年のあいだ、財政は大きな役割を果してきた。こんごも財政の機能にまつべきところは大きいが、新しい国づくりを効率的に推進するためには、財政資金の先行的、重点的な投入が必要である。実績主義による後追い投資は、財政にたいする負担をかえって大きくするだけである。

先行的、重点的投資のための財源については知恵を使えばよい。有料道路制を敷いたときには、「道路は無料公開の原則に立つべきものだ」という議論があった。これにたいし私は「たしかに二点間を結ぶ唯一の路線は無料であるべきだろうが、複数の路線がある場合には有料でもよいではないか」と主張して、結局、あの法律が制定された。政治はつねに先見にもとづいて新しい制度、仕組みをつくりあげていくべきである。有料道路制はその一例にすぎない。

財政の先行的役割とともに強調したいのは、税制の政策的な調整機能、つまり、禁止税制と誘導税制を積極的に活用することである。

明治百年までのあいだ、わが国では一貫して財政支出中心主義がとられてきた。しかし、財政支出中心主義は発展途上国向きのものである。日本列島改造の大事業をすすめるためには、税制の役割を十分に活用しなければならない。政府だけが主体になるのではなく、民間のエネルギーを活用し、これを誘導し、助成して、ともに新しい国づくりのにない手になることである。私は財政支出と税制を二本柱として、日本列島の改造を行なう。

自動車重量税、工場追出し税などの発想も、こうした考え方に立って提案したわけである。

この民間エネルギーを活用する場合、私は公共的な性格を持つ事業であっても収益的なものは、民間に移譲したり、政府と民間の協力、協業による第三セクターにゆだねるということも考えている。さらに、民間資金を活用するためには、利子補給制度を積極的に導入しなければならない。利子補給を行なって民間資金を活用するほうが、財政資金を直接投入する場合にくらべて財政負担がはるかに小さいことはいうまでもない。

日本列島を一日交通圏、一日経済圏に再編成するための前提は、総合交通体系の確立である。全国新幹線鉄道網、高速自動車道路網、本四連絡架橋などは、全部の青写真がすでにできあがりつつある。これを実現するための新しい布石が自動車重量税である。

自動車重量税は自動車の保有者にたいして車検と庫出しのとき課税するもので、それによってえられる財源を道路と鉄道の建設資金にあてる目的税である。自動車重量税に反対する意見もあるが、そういう人にはガソリン税論争をもう一度ふりかえってみてもらいたい。

昭和二十七年にガソリン税を創設したときも強い反対があった。「目的税は政府固有の予算編成権を侵害するから憲法違反だ」というのが、その論拠だった。それがいまはどうだろうか。「道路整備費の財源等に関する臨時措置法」には「政府は当該年度のガソリン税収入同相当額以上を道路整備財源として計上しなければならない」と明記されており、これに疑問をいだく人はまずいない。それどころか、同様の目的税が次々に生まれている。

現実の動きはどうだろうか。二十七年度の自動車保有台数は百三十万台であったのが、今日では二千万台へと飛躍的に増大している。この事実は道路整備と車の増加、ガソリン税収入の増大が結びつき、互いにプラスに作用し合ってきたことを示している。自動車重量税についても同じことがいえる。こんご飛躍的な増大が予測される人と物の輸送量をすべて道路でまかなおうとすれば、どんなに道路整備をスピードアップしても自動車だけでは運びきれない。それに道路の混雑渋滞で自動車は走れない。大量輸送手段としての鉄道を並行的に活用するほかはないのである。全国新幹線鉄道を建設して在来線の貨物輸送力を強化し、さらに新幹線鉄道で貨物を運ぶことも必要である。

道路と鉄道と港湾は総合的、一体的にとらえなければならない。道路は、鉄道であり、港湾である。鉄道は、道路であり、港湾である。このように考えれば、自動車重量税による収入を鉄道の建設にも充当するのは、正論なのである。鉄道の建設によって利益をうけるのは自動車だからである。

自動車重量税をめぐる論点の一つに、税の公平を損うのではないかということがあげられた。たしかに税は公平でなければならない。しかし、ここでいう税の公平さと、税制による政策的な調整機能は、同一の次元で論ずるものではない。まったく別な次元で考える問題だと思う。

西ドイツが、総合交通体系を確立するために、税制を調整手段として活用していることは広く知られている。もし、憲法にいう営業の自由の原則をタテにして超重量貨物を積んだ大型車が道路の舗装強度を無視して走り回れば、道路は破損され、損傷される。道路を破損するような重量物は鉄道に移し、それでもカバーできないものは船舶を使うように調整しなければならない。

ちなみに六トン車の例をとってみよう。日本では、六トン車にたいする

ガソリン税で立派な道路が（厚木付近）

税は年間十数万円だ。ところが、西ドイツでは百六十万円以上の税金を課している。これは明らかに禁止税制である。同時に、「重量物はオートバーンを使うよりも鉄道や船舶を使ってくれ」という誘導税制でもある。そのうえ、「高い税金を払ってもトラックで運びたい」という人にたいしては道をひらいていて、憲法にいう営業の自由の原則とのバランスがはかられている。イキな政策態度といわざるをえない。

2 産業政策の大転換

新しい国づくりの中核は工業の再配置である。これを推進するためには、税制による政策的な調整機能を主軸にすえなければならない。すなわち、一方で過密地域、公害多発地帯のように、工場の移転や分散が望まれている地域内の工場にたいしては、税制上、特別の負担を求めるようにする。集積の利益という角度からみると、個々の企業にとっては過密地域に立地し、集中するメリットは、まだなかなか大きいというのが現実であろう。しかし、マクロの見方からすると、すでに集中のデメリットがメリットを上回り、多くの障害がでてきたことも事実である。そこから、集積の利益を受けるものにたいしては特別の負担を課して、個々の企業の集中への動きを抑制し、地方への移転、分散に踏み切らせるというねらいが生まれてくるわけである。

他方では、太平洋ベルト地帯以外の地域に工場を移転したり、新たに工場を建設する企業にたいしては、固定資産税の長期免税など税制上の特別措置をとるほか、補助金もだしてトクになるように手当てしなければならない。固定資産税の長期免税にともなう地方公共団体の歳入減少については、第二地方交付税的なやり方で補てんする。これらの対策に必要な財源としては、過密地域であがってくる税金を活用する。このために、特別会計を設けることも必要になろう。

これは、禁止税制と誘導税制の導入であり、集積の利益を求める工業の流れを認めてきた産業政策の大転換である。

このような考え方にもとづき、私は四十七年度の新政策の検討過程で、法人税付加分一・七五%を活用し、新しい国づくりのために禁止・誘導税制の創設を提案した。すなわち、法人税付加分一・七五%は四十七年三月限りで一応、廃止するが、過密地域などに立地している工場からの所得分についてはこれを残し、さらにこの地域で新増設された工場の所得分については一・七五%を三・五%に引きあげることを予定したわけである。この収入は特別会計に繰り入れ、これを活用して工業再配置補助金制度と工業団地造成利子補給金制度の創設と工業再配置公団の設立をはかるほか、過密地域からの移転工場にたいして二十五年間、固定資産税を免税する道をひらき、地方公共団体へは特別会計から補てん措置をとることを考えていたのである。

しかし、これまでの景気停滞に〝ドル・ショック〟が重なって、四十七年度の税収は大幅に減少することが見通されるようになった。そして法人税付加分一・七五%をもう二年間引きつづいて徴収するほかなくなったため、新しい禁止、誘導税制の創設は涙をのんで見送った。

しかし、工業再配置計画は一日も早く軌道に乗せなくてはならない。一年間もムダにすることは許されないのである。そのため私は、一般財源などを利用して補助金や利子補給を四十七年度から実施し、公団についても政府の公社・公団新設抑制の方針を尊重して産炭地域振興事業団を工業再配置・産炭地域振興公団に改組するという手を打った。固定資産税の免除もさしあたり三年間ということでスタートしたが、補てん措置との見合いで当然、再検討したいと考えている。

このように工業再配置計画は、四十七年度から暫定的に発足した。景気がよくなれば、当然、法人税付加分の活用とか、新しい税源を考える。それは、第二のガソリン税ともいうべきものであり、私はガソリン税を目的税にしたときと同じ強い意志と粘りで取組むつもりである。

イギリスは第二次大戦後、ロンドンの改造のため、ニュータウン法という壮大な法制を用意してスタートした。いらい四分の一世紀もたつが、必ずしも成功しているとはいえない。ブラジルは、新しい首都ブラジリアの建設という大プロジェクトに取組んだが、その成果が明らかになるまでにはなお時間を要するであろう。

日本も、ロンドンやブラジリアの何百倍の大仕事にいどもうとしているのだから、私の構想はなかなか理解されないかもしれない。しかし、だれかが新しい国づくりをすすめなければならない。

3　新しい官民協調路線を求めて

数年前までは、「地方開発のほうにカネがいくと都市は損をする」という声が聞かれたが、最近は「都市にこれ以上、人がはいってこないようにしてほしい」という希望が圧倒的に多い。水は低きに流れ、人は高きに集まる。文化レベルの高いところ、社会的な恩恵の高いところに人は集まる。

産業にしても同じことである。土地、水、労働力、電力などの確保できるところに、生産基盤を整備し、東京や大阪に立地しなくても活動できるような交通、情報のネットワークをつくらなければならない。

このような環境をつくるためには、限られた財政資金を国の責任に属する部門に集中して、先行的に投入することである。大都市の改造についても同じことだ。

地方開発にしても、大都市の改造にしても、民間の力だけで取組める問題ではないが、政府の力だけでやろうとしてもできない。民間の資金、技術、バイタリティーを税制や利子補給などによって上手に制御しながら活用すれば、非常に大きな力を発揮することが期待できる。

そのためには、まず政府が自らの責任でやるべきことはなんであるかを明確にし、やるべきことはやらなければならない。しかし、その他のものは、公共性と収益性の兼合いに応じて政府、民間の協力・協業を考えたり、民間にまかせて適切な制御と助成を行なう。このような多くの方式をうまく組合わせて、新しい官民協調路線を確立したい。

わが国の地域開発において、官民協同の第三セクターが積極的に活用され、その功罪も明らかになりつつある。最近では、大規模工業基地の建設の中心的な役割をになう大型の第三セクターもあらわれてきている。北海道東北開発公庫、青森県、財界などの共同出資によるむつ小川原開発株式会社が代表的なものであるし、近く、苫小牧東部開発株式会社も設立されることになっている。志布志湾開発のために第三セクターを設立することも検討されている。

大型の内陸型工業団地や流通業務団地の造成をねらいにした第三セクターも誕生している。北海道東北開発公庫や岩手県などのほかに三井、三菱、住友グループの民間デベロッパーの参加した岩手開発株式会社である。

第三セクターは、資金の調達とか、公共部門の意志をどう反映させるかなどの面ではなお工夫を要するところも多いようである。しかし、これは注目すべき分野であり、注意深く育てていきたい。

新しい国づくりに民間エネルギーの参加を求めることも、こんごの大きな課題である。前章でのべたニューヨークの不良街区の改良がそのいい例である。

もうひとつ注目すべきものは、イタリアの労働者住宅の建設方式である。イタリアでは生命保険と損害保険の剰余金は労働者住宅の建設以外に使うことはできないことになっている。しかし、半面で、固定資産税の二十五年間免税、国有地の無料払下げなどの恩典が用意されている。これはムッソリーニ時代に採用された政策であるが、戦後もイタリア政府はこれを踏襲している。

このふたつの例に共通しているのは、制限と恩典の巧みな組合わせである。制限をするときは恩典がともなうものであり、恩典をともなわない制限をしても実効はあがらない。わが国でも、民間デベロッパーを日本列島改造の大事業に誘いだすために資金、税制などの面で助成措置をとって民間エネルギーを事業に参加させると同時に、これを適切に制御し、誘導する方策を真剣に検討する必要があると思う。

民間デベロッパーの参加にあわせて、民間資金の活用も真剣に考えたい。利子補給は、民間資金を活用する強力なテコである。保険、信託、農協などの資金を新しい国づくりのために流入させることができれば、まさに〝鬼に金棒〟だと思う。

Ⅶ むすび

明治、大正生まれの人びとには自分の郷里にたいする深い愛着と誇りがあった。故郷はたとえ貧しくとも、そこには、きびしい父とやさしい母がおり、幼な友達と、山、川、海、緑の大地があった。志を立てて郷関をでた人びとは、離れた土地で学び、働き、家庭をもち、変転の人生を送ったであろう。室生犀星は「故里は遠くに在りて思うもの」と歌った。成功した人も、失敗した人も、折にふれて思い出し、心の支えとしたのは、つねに変わらない郷土の人びとと、その風物であった。

明治百年の日本を築いた私たちのエネルギーは、地方に生まれた、都市に生まれた違いはあったにせよ、ともに愛すべき、誇るべき郷里のなかに不滅の源泉があったと思う。

私が日本列島改造に取組み、実現しようと願っているのは、失なわれ、破壊され、衰退しつつある日本人の〝郷里〟を全国的に再建し、私たちの社会に落着きとうるおいを取戻すためである。

人口と産業の大都市集中は、繁栄する今日の日本をつくりあげる原動力であった。しかし、この巨大な流れは、同時に、大都会の二間のアパートだけを郷里とする人びとが輩出し、地方から若者の姿を消し、いなかに年寄りと重労働に苦しむ主婦を取り残す結果となった。このような社会から民族の百年を切りひらくエネルギーは生まれない。

かくて私は、工業再配置と交通・情報通信の全国的ネットワークの形成をテコにして、人とカ

国民に安らぎのある生活を（大阪・千里ニュータウン）

ネと物の流れを巨大都市から地方に逆流させる〝地方分散〟を推進することにした。

この「日本列島改造論」は、人口と産業の地方分散によって過密と過疎の同時解消をはかろうとするものであり、その処方箋を実行に移すための行動計画である。

私は衰退しつつある地方や農村に再生のためのダイナモをまわしたい。公害のない工場を大都市から地方に移し、地方都市を新しい発展の中核とし、高い所得の機会をつくる。教育、医療、文化、娯楽の施設をととのえ、豊かな生活環境を用意する。農業から離れる人びとは、地元で工場や商店に通い、自分でたべる米、野菜をつくり、余分の土地を賃耕にだし、出かせぎのない日々を送るだろう。

少数・精鋭の日本農業のにない手たちは、

二十ヘクタールから三十ヘクタールの土地で大型機械を駆使し、牧草の緑で大規模な畜産経営を行ない、くだものをつくり、米をつくるであろう。

大都市では、不必要な工場や大学を地方に移し、公害がなく、物価も安定して、住みよく、暮しよい環境をつくりあげたい。人びとは週休二日制のもとで、生きがいのある仕事につくであろう。二十代、三十代の働きざかりは職住近接の高層アパートに、四十代近くになれば、田園に家を持ち、年老いた親を引き取り、週末には家族連れで近くの山、川、海にドライブを楽しみ、あるいは、日曜大工、日曜農業にいそしむであろう。

こうして、地方も大都市も、ともに人間らしい生活が送れる状態につくりかえられてこそ、人びとは自分の住む町や村に誇りをもち、連帯と協調の地域社会を実現できる。日本中どこに住んでいても、同じ便益と発展の可能性を見出す限り、人びとの郷土愛は確乎たるものとして自らを支え、祖国・日本への限りない結びつきが育っていくに違いない。

日本列島改造の仕事は、けわしく、困難である。しかし、私たちがこんごとも平和国家として生き抜き、日本経済のたくましい成長力を活用して、福祉と成長が両立する経済運営を行なう限り、この世紀の大業に必要な資金と方策は必ずみつけだすことができる。

敗戦の焼け跡から今日の日本を建設してきたお互いの汗と力、知恵と技術を結集すれば、大都市や産業が主人公の社会ではなく、人間と太陽と緑が主人公となる〝人間復権〟の新しい時代を迎えることは決して不可能ではない。一億を越える有能で、明るく、勤勉な日本人が軍事大国の道をすすむことなく、先進国に共通するインフレーション、公害、都市の過密と農村の過疎、農業のゆきづまり、世代間の断絶をなくすために、総力をあげて国内の改革にすすむとき、世界の人びとは文明の尖端をすすむ日本をそのなかに見出すであろう。そして自由で、社会的な偏見がなく、創意と努力さえあれば、だれでもひとかどの人物になれる日本は、国際社会でも誠実で、尊敬できる友人として、どこの国ともイデオロギーの違いを乗り越え、兄弟づきあいが末長くできるであろう。

私は政治家として二十五年、均衡がとれた住みよい日本の実現をめざして微力をつくしてきた。私は残る自分の人生を、この仕事の総仕あげに捧げたい。そして、日本じゅうの家庭に団らんの笑い声があふれ、年寄りがやすらぎの余生を送り、青年の目に希望の光が輝く社会をつくりあげたいと思う。

【著者経歴】

田中 角榮（たなか　かくえい）

大正7.5.4　新潟県刈羽郡西山町大字坂田1540番地に父角次、母フメの二男として生まれる
昭和11.3.24　中央工学校土木科卒業
18.12.1　田中土建工業株式会社創設
22.4.25　第23回衆議院総選挙で初当選　28歳
25.4.26　1級建築士資格取得
28.4.4　母校、中央工学校校長就任
30.3.27　衆議院商工委員長就任
32.7.10　郵政大臣就任（第1次岸内閣）39歳
36.7.18　自由民主党政務調査会長就任
37.7.18　大蔵大臣就任1期目（第2次池田内閣）44歳
38.12.9　大蔵大臣留任2期目（第3次池田内閣）
39.11.9　大蔵大臣留任3期目（第1次佐藤内閣）
40.6.3　自由民主党幹事長就任1期目
41.8.1　自由民主党幹事長留任2期目
43.12.1　自由民主党幹事長留任3期目
45.1.12　自由民主党幹事長留任4期目
12.29　自由民主党幹事長留任5期目
46.7.5　通商産業大臣就任（第3次佐藤内閣）
47.7.5　第6代自由民主党総裁就任
7.6　第64代内閣総理大臣就任54歳
7.7　第1次田中内閣成立
12.22　第2次田中内閣成立
平成2.1.19　政界引退表明
5.12.16　入寂　享年75歳

〈衆議院　勤続44年（当選17回）
議員立法　117本〉

復刻版　日本列島改造論　NDC333

2023年3月16日　初版第1刷発行
2023年4月7日　初版第2刷発行

（定価はカバーに表示してあります）

©著　者　田中　角榮
発行者　井水　治博
発行所　日刊工業新聞社
〒103-8548　東京都中央区日本橋小網町14-1
電　話　書籍編集部　03（5644）7490
販売・管理部　03（5644）7410
ＦＡＸ　03（5644）7400
振替口座　00190-2-186076
ＵＲＬ　https://pub.nikkan.co.jp/
e-mail　info@media.nikkan.co.jp
印刷・製本　新日本印刷㈱

2023　Printed in Japan　ISBN 978-4-526-08270-2